U0358594

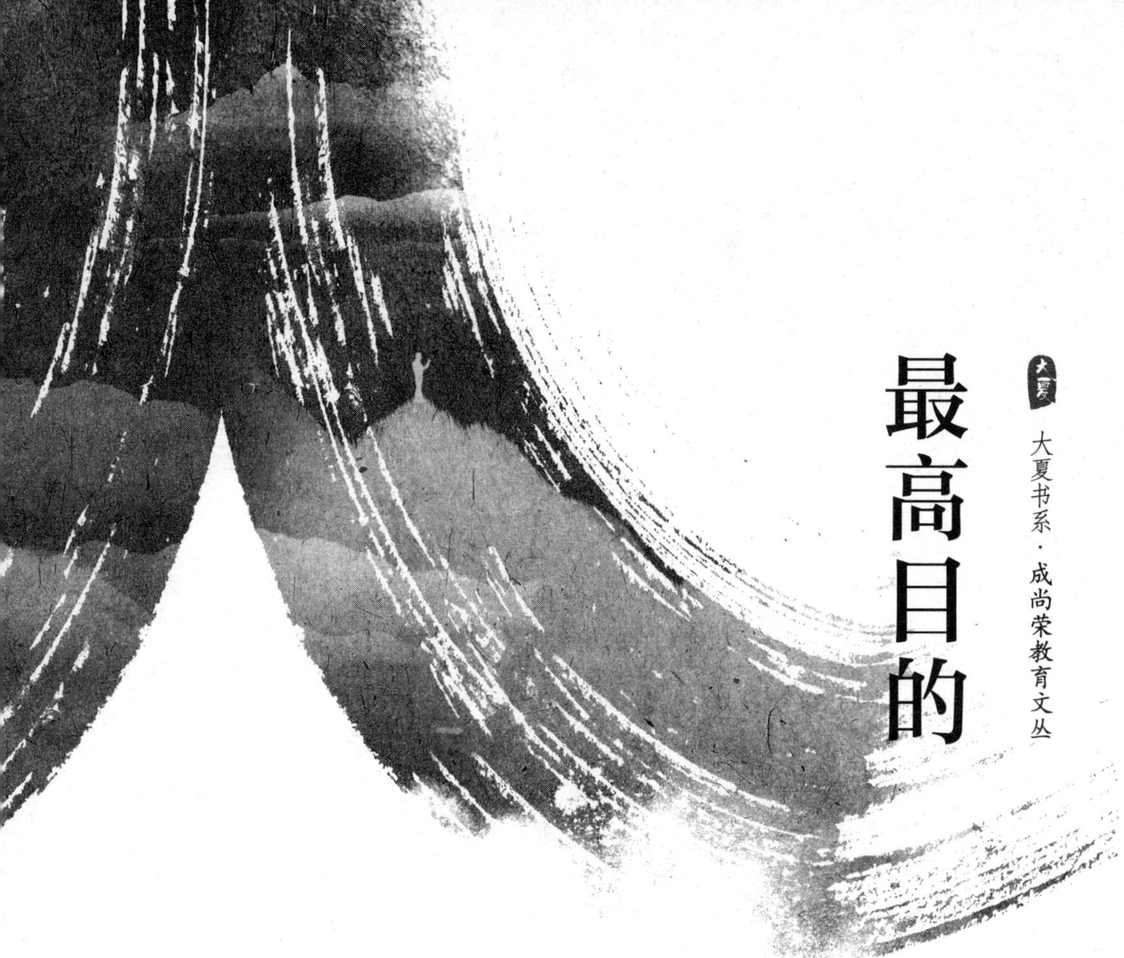

大夏书系·成尚荣教育文丛

最高目的

成尚荣 著

上海市著名商标 ECNUP
华东师范大学出版社
全国百佳图书出版单位

目录 Contents

第二辑　德育课程的追问

第三辑　以道德的方式

第四辑　从爱和尊重开始

第五辑　共同责任的担当

自 序

在更大的坐标上讲述自己的故事

曾经犹豫很久，不知丛书的自序究竟说些什么，从哪里说起，怎么说。后来，我想到，丛书是对自己人生的第一次小结，而人生好比是个坐标，人生的经历以及小结其实是在坐标上讲述自己的故事。于是自序就定下了这个题目。

与此同时，我又想到故事总是一节一节的，一段一段的，可以分开读，也可以整体地去读。因此，用“一、二、三……”的方式来表达，表达人生的感悟。

一、尚可：对自己发展状态的认知

我的名字是“尚荣”二字。曾记得，原来写的是“上荣”，不知何人、何时，也不知何因改成“尚荣”了。那时，家里人没什么文化，我们又小，改为“尚荣”绝对没有什么文化的考量，但定有些什么不知所云的考虑。

我一直认为“尚荣”这名字很露，不含蓄，也很俗，不喜欢，很不喜欢。不过，现在想想，“尚荣”要比“上荣”好多了，谦逊多了，也好看一点。我对“尚荣”的解读是“尚可”，其含义是，一定要处在“尚可”的认知状态，然后才争取从尚可走向尚荣的理想状态。

这当然是一种自我暗示和要求。我认为，人不能喧闹，不能作秀，更不能炫耀（何况还没有任何可以炫耀的资本）。但人不能没有精神，不能没有思想，我一直要求自己做一个有追求的人，做一个精神灿烂的人。正是“尚可”“尚荣”架构起我人生的坐标。尚可，永远使我有种觉醒和警惕，无论有什么进步、成绩，只是“尚可”而已；尚荣，永远有一种想象和追求，无论有什么进展、作为，只不过是“尚荣”而已。这一发展坐标，也许是冥冥之中人生与我的约定以及对我的承诺。我相信名字的积极暗示意义。

二、走这么久了，才知道现在才是开始

我是一只起飞很迟的鸟，不敢说“傍晚起飞的猫头鹰”，也不愿说“夕阳无限好，只是近黄昏”。说起飞很迟，是因为61岁退休后才安下心来，真正地读一点书，写一点小东西，在读书和写作中，生发出一点想法，然后把这些想法整理出来，出几本书，称作“文丛”。在整理书稿时，突然之间有了一点领悟。

第一点领悟：年龄不是问题，走了那么久，才知道，原来现在才是开始。人生坐标上的那个起点，其实是不确定的，任何一个点都可以成为起点；起点也不是固定的某一个，而是一个个起点串联起发展的一条曲线。花甲之年之后，我才开始明晰，又一个起点开始了，真正的起点开始了。这个点，就是退休时，我在心里默默地说的：我不能太落后。因为退休了，不在岗了，人一般会落后，但不能太落后。不能太落后，就必须把过去的办公桌，换成今天家里的那张书桌，书桌告诉我，走了那么久，坐在书桌前，才正是开始。所以，年龄真的不是问题，起点是自己把握的。

第二点领悟：人生是一首回旋曲，总是要回到童年这一人生根据地去。小时候，我的功课学得不错，作文尤其好。那时，我有一个巴望：巴望老师早点发作文本。因为发作文本之前，总是读一些好作文，我的作文常常被老师当作范文；也常听说，隔壁班的老师也拿我的作文去读。每当那个激动人心的时刻来临，我会想入非非：总有一天要把作文登在报刊上，尤其是一定要在《新华日报》上刊登一篇文章。童年的憧憬和想象是种潜在的力量。一

个人童年时代有没有一点想入非非，今后的发展还是不同的。和过去的学生聚会，他们也逐渐退休了，有的也快70岁了。每每回忆小学生活，总忆起那时候我读他们的作文。文丛出了，我似乎又回到了自己的童年时代。童年，那是我人生的根据地；人总是在回旋中建构自己的历史，建构自己的坐标，总得为自己鸣唱一曲。

第三点领悟：人的发展既可以规划又不能规划，最好的发展是让自己"非连续发展"。最近我很关注德国教育人类学家博尔诺夫的"非连续"教育理论。博尔诺夫说，人是可以塑造的，但塑造的观点即连续性教育理论是不完整的，应当作重要调整和修正，而非连续性教育倒是对人的发展具有根本的意义。我以为，非连续性教育可以迁移到人的非连续性发展上。所谓非连续性发展，是要淡化目的、淡化规划，是非功利的、非刻意的。我的人生好像用得上非连续发展理论。如果你功利、浮躁、刻意，会让你产生"目的性颤抖"。人的发展应自然一点，"随意"一点，对学生的教育亦应如此，最好能让他们跳出教育的设计，也让名师的发展跳开一点。只有"尚可"，才会在不满足感中再向前跨一点。

三、坐标上的原点：追寻和追赶

文丛实质上是我的一次回望，回望自己人生发展的大概图景，回望自己的坐标，在坐标上讲述自己的故事。回望不是目的，找到那个点才最为重要。我要寻找的是那个坐标上的原点，它是核心，是源泉，是出发点，也是回归点。找到原点，才能架构人生发展的坐标，才会有真故事可讲。

那个点是什么呢？它在哪里呢？

它在对人生意义的追寻中。我一直坚信这样的哲学判断：人是意义的创造者，但人也可以是意义的破坏者。我当然要做意义的创造者。问题是何为意义。我认定的意义是人生的价值，既是个人存在和发展的价值，也是对他人对教育对社会产生的一点影响。而意义有不同的深度，价值也有不同的高度。值得注意的是，人生没有统一的深度和高度，也没有统一的进度和速度，全在自己努力，不管从什么时候开始，你努力了，达到自己的高度才重要，把握自己的进度才合适。而所谓的努力，对我来说就是两个字：追赶。因为我的起点低，基础薄弱，非“补课”不可，非追赶不可。其实，追赶不仅是态度，它本身就是一种意义。

我追赶青春的步伐。路上行走，我常常不自觉地追赶年轻人的脚步，从步幅到步频。开始几分钟，能和年轻人保持一致，慢慢地赶不上了。过了几分钟，我又找年轻人作对象，去追赶他们的脚步，慢慢地，又落后了。追赶不上，我不遗憾，因为我的价值在于追求。这样做，只是对自己的要求，是想回到青年时代去，想再做一回年轻人，也是向年轻人学习，是向青春致敬的一种方式。有了青春的步伐，青春的心态，才会有青春的书写。

我追赶童心。我曾不止一次地引用作家陈祖芬的话：人总是要长大的，但眼睛不能长大；人总是要变老的，但心不能变老。不长大的眼是童眼，不老的心是童心。童心是可以超越年龄的，只要有童心，就会有童年，就会有创造。我自以为自己有颗不老的童心，喜欢和孩子说话，喜欢和年轻人对话，喜欢看绘本，喜欢想象，喜欢天上云彩的千变万化，看到窗前的树叶飘零了，我会有点伤感。追赶童心，让我有时激动不已。

我追赶时代的潮流。我不追求时尚，但是我不反对时尚，而且关注时尚。同时，我更关注时代的潮流，课程的，教学的，教育的，儿童的，教师的；经济的，科技的，社会的，哲学的，文化的。有人请我推荐一本杂志，我毫不犹豫地推荐《新华文摘》，因为它的综合性，让我捕捉到学术发展的前沿信息。每天我要读好几种报纸，报纸以最快的速度传递时代的信息，我会从中触摸时代的走向和潮流。读报并非消遣，而是让其中一则消息触动我的神经。

所有的追赶，都是在寻觅人生的意义。人生坐标，当是意义坐标。意义坐标，让我不要太落后，让我这只迟飞的鸟在夕阳晚霞中飞翔，至于它落在哪个枝头，都无所谓。迟飞，并不意味着飞不高飞不远，只要是有意义的飞翔，都是自己世界中的高度和速度。

四、大胸怀：发展的坐标要大些

人生的坐标，其实是发展的格局，坐标要大，就是格局要大。我家住傅厚岗。傅厚岗曾住过几位大家——徐悲鸿、傅抱石、林散之，还有李宗仁。我常在他们的故居前驻足，见故屋，如见故人。徐悲鸿说，一个人不能有傲气，但一定要有傲骨；傅抱石对小女傅益瑶说，不要做文人，做一个有文化的人，重要的是把自己的胸襟培养起来。徐悲鸿、傅抱石的话对我启发特别大。我的理解是：大格局来自大胸怀，胸怀大是真正的大；大格局不外在于他人，而是内在于人的心灵。而胸怀与视野联系在一起。于是，大视野、大胸怀带来大格局，大格局才会带来大一点的智慧，人才能讲一点更有内涵、更有分量的故事。这是我真正的心愿。

大胸怀下的大格局，是由时间与空间架构成的坐标。用博尔诺夫的观点看，空间常常有个方向：垂直方向、水平方向和点。垂直方向引导我们向上，向天空，向光明；水平方向引导我们向前；点则引导我们要有一个立足点。无论是向上，还是向前，还是选择一个立足点，都需要努力，都需要付出。而时间则是人类发展的空间。时间特别引导人应当有明天性。明天性，即未来性，亦即向前性和向上性。所以，实践与空间构筑了人生的坐标，这样的坐标是大坐标。

五、对未来的慷慨：把一切献给现在

在这样的更大坐标中，需要我们处理好现实与未来的关系。我非常欣赏这样的表述：对未来的慷慨，是把所有的一切都献给现在。其意不难理解：不做好现在哪有什么未来？因此想要在更大的坐标上讲述故事，则要从现在开始，只有着力讲好今天的故事，才有明天的故事。有一点，我做得还是比较好的：不虚度每一天，读书、读报、思考、写作成为一天的主要生活内容，也成了我的生活方式。有老朋友对我的评价是：成尚荣不好玩。意思是，我不会打牌，不会钓鱼，不会喝酒，不喜欢游山玩水。我的确不好玩。但我觉得我还是好玩的。我知道，年纪大了，再不抓紧时间读点书写点什么，真对不起自己，恐怕连“尚可”的水平都达不到。这位老朋友已离世了，我常默默地对他说：请九泉之下，仍继续谅解、宽容我的不好玩吧。真的，好不好玩在于自己的价值认知和追求。

六、首先做个好人，一个有道德的人

讲述的故事不管有多大，有一个十分重要的主题，那就是做个好人。做个好人真不容易。我对好人的定义是：心地善良，有社会良知，谦虚，和气，平等对人，与人为善，多站在对方的位置上想想。我的主要表现是：学会“让”。让，不是软弱，而是不必计较，不在小问题上计较，不在个人问题上计较。所谓好人，说到底是做个有道德的人。参与德育课程标准的研讨，参与道德与法治教材的审查，参与学生发展核心素养的论证，我最大的体会是：道德是照亮人生之路的光源，人生发展坐标首先是道德坐标。我信奉林肯的论述：“能力将你带上峰顶，德行将让你永驻那儿。”我还没登上峰顶，但是道德将成为一种攀登的力量和永驻的力量。我也信奉，智慧首先是道德，一如亚里士多德所言，智慧就是就那些对人类有益的或有害的事采取行动的伴随着理性的真实的能力状态。我又信奉，所谓的退、让，实质上是进步，一如插秧歌：“手把青秧插满田，低头便见水中天，六根清净方为道，退步原来是向前。”我还信奉，有分寸感就不会贪，有意志力就不怕，有责任心就不懒，有自控力就不乱。而分寸感、意志力、责任心、自控力无不与道德有关。

在更大的坐标上讲述故事，是一个反思、梳理、提升的过程，学者称之为“重撰”中的深加工。文丛试图对以往的观点、看法作个梳理，使之条理化、结构化，得以提升与跃迁。如果作一些概括的话，至少有三点体会。其一，心里有个视角，即“心视角”。心视角，用心去观察问题、分析问题。心视角有多大，坐标就可能有多大；心视角有多高，坐标就可能有多高。于是，我对自己的要求是，对任何观点对任何现象的分析、认识看高不看低，往深处本质上去看，往立意和价值上去看。看高就是一种升华。其二，脑子里有个思想的轮子。思想让人站立起来，让人动起来、活起来，人的全部尊严在于思想。思想是从哪里来的？来自哲学，来自文学，来自经典著作。我当然相信实践出真知，但是实践不与理论相结合，是出不了思想的。思想好比轮子，推着行动走。倘若文章里没有思想，写得再华丽都不是好文章。我常常努力地让思想的轮子转动起来。发展坐标是用思想充实起来、支撑起来的。其三，从这扇门到那扇门，打开一个新的天地。读书时，我常有种想象，我把这种阅读称作“猜想性阅读”。这样的阅读会丰富自己原有的认知框架，甚至可以改变自己原有的认知框架。写作则是从这扇门到那扇门，由此及彼，由表及里，由浅及深，是新的门窗的洞开。

七、把坐标打开：把人、文化，把教育的关注点、研究点标在坐标上

更宽广的视野，更丰富的心视角，必然让坐标向教育、向生活、向世界打开。打开的坐标才可能是更大的坐标。我对专业的理解，不囿于学科，也不囿于课程，而要在人的问题上，在文化的问题上，在教育改革、发展的一些大问题上有些深度的阐释和建构，这样的专业是大专业。由此，对教师的专业发展我曾提出“第一专业”的命题。对教师专业发展如此，对教育科研工作者也应有这样的理解与要求。基于这样的认识，文丛从八个方面梳理、表达了我这十多年对有关问题思考、研究的观点：儿童立场、教师发展、道德、课程、教学、语文、教学流派以及核心素养。我心里十分清楚：涉及面多了，研究的专题不聚焦，研究的精力不集中，在深度上、在学术的含量上达不到应有的要求。不过，我又以为，教育科研者视野开阔一点，视点多一点，并不是坏事，倒是让自己在多样性的认知与比较中，对某一个问题发现了不同的侧面，让问题立起来，观察得全面一些，也深入一些。同时，研究风格的多样化，也体现在研究的方向和价值上。

坐标打开，离不开思维方式和打开方式。我很认同“遮诠法”。遮诠法是佛教思维方式。遮，即质疑、否定；诠，即诠释、说明。遮不是目的，诠才是目的；但是没有遮，便没有深度、独特的诠；反过来，诠让遮有了更充足的理由。由遮到诠是思维方式，也是打开、展开的方式。

遮诠法只是我认同并运用的一种方式，我运用得比较多的是“赏诠法”。所谓赏，是肯定、认同、赞赏。我始终认为，质疑、批评、批判，是认识问题的方式，是指导别人的方式，而肯定、认同、赞赏同样是认识问题的方式，同样是指导别人的方式，因为肯定、认同、赞赏，不仅让别人增强自信，而且知道哪些是认识深刻、把握准确、表达清晰的，需要保持，需要将其放大，争取做得更好。对别人的指导应如此，对自己的学习和研究也应这样。这样的态度是打开的，坐标也是打开的。打开坐标，研究才会有新视野和新格局。

打开，固然可以深入，但真心的深入应是这一句话：“根索水而入土，叶追日而上天。”我对自己的要求是：向上飞扬，向下沉潜。要向上，还要向下，首先是“立起身来”。原来，所有的坐标里，都应有个人，这个人是站立起来的。这样的坐标才是更大的坐标。

八、打开感性之眼，开启写作之窗

不少人，包括老师，包括杂志编辑，也包括一些专家学者，认为我的写作是有风格的，有人曾开玩笑地说：这是成氏风格。

风格是人的影子，其意是人的个性使然，其意还在风格任人去评说。我也不知道自己的写作风格究竟是什么，只知道，那些文字是从我的心里流淌出来的，大概真实、自然与诗意，是我的风格。

不管风格不风格，有一点我是认同的，而且也是在努力践行的，那就是相信黑格尔对美的定义：美是用感性表达理念和理性。黑格尔的话与中国文化传统中的“感悟”，以及宗白华《美学散步》中的“直觉把握”是相同的，相通的。所以，我认为，写作首先是打开感性之眼，运用自己的直觉把握。我自觉而又不自觉地坚持了这一点。每次写作，总觉得自己的心灵又敞开了一次，又自由呼吸了一次，似乎是沿着一斜坡向上起飞、飞翔。心灵的自由才是最佳的写作状态，最适宜的写作风格。

当然也有人曾批评我的这一写作风格，认为过于诗意，也“带坏”了一些教师。我没有过多地去想，也没有和别人去辩论。问题出在对“诗意”的理解存在偏差。写作是个性化的创造，不必去过虑别人的议论。我坚持下来了，而且心里很踏实。

九、讲述故事应当有一个丰富的工具箱

工具的使用与创造，让人获得了解放，对工具的使用与创造已成为现代人的核心素养。

讲述故事也需要工具，不只是一种工具，而且要有一个工具箱。我的工具箱里有不少的工具。一是书籍。正如博尔赫斯所说的，书籍是人类创造的伟大工具。书籍这一工具，让我的心灵有了一次又一次腾飞的机会。二是艺术。艺术是哲学的工具。凭借艺术这一工具我走向哲学的阅读和思考。长期以来，我对艺术作品及其表演非常关注。曾记得，读师范时，我有过编写电影作品的欲望，并很冲动。现在回想起来，有点好笑，又非常欣慰。因为我那电影梦，已转向对哲学、伦理学的关注了。三是课程。从目的与手段的关系看，课程是手段、是工具。课程这一透镜，透析、透射出许多深刻的意蕴。四是教科书。我作为审查委员，对教材进行审查时，不是审查教材本身，而是去发现教材深处的人——教材是不是为人服务的。工具箱，提供了操作的工具，而工具的使用，以及使用中生成的想象，常常帮助我去编织和讲述故事。

十、故事让时间人格化，我要继续讲下去

故事可以提供一个可供分享的世界。不过，我的目的，不只在与世界分享，更为重要的是，通过故事让时间人格化，让自己的时间人格化。讲述故事，是对过去的回忆，而回忆时，是在梳理自己的感受，梳理自己人格完善的境脉。相信故事，相信时间，相信自己的人生坐标。

我会去丰富自己的人生坐标，在更大的坐标上，继续讲述自己的故事。

2017 年 1 月 15 日

写在前面

道德是教育的最高目标

——道德教育断想

关于中国道德的现状，几年前学术界曾有过争论：中国道德在爬坡——那是与“文化大革命”时期相比。“文化大革命”时，还有什么道德可言？还有什么礼让、恻隐、是非之心？而如今我们鼓励、提倡、追求正义、公平、文明。中国道德真的在提升，只是十分艰难而已。有的人则不同意，认为中国道德在滑坡——老太太摔倒在地上，要不要扶，竟然是个问题；中国式过马路，以及游人在境外的表现，确实让人担忧。爬坡也好，滑坡也好，总之，我们进入了道德困境。

其实，何止是中国呢？可以说，世界上不少国家都处在道德困境之中。否则，哈佛大学政治经济学教授迈克尔·桑德尔怎会写出振聋发聩的书《金钱买不到的东西》来呢？是的，当金钱能买到的东西越来越多的时候，道德就沦丧了，社会就失序了，成了病态社会。道德正是金钱买不到的东西。完全可以作以下判断：当金钱买不到的东西越来越多的时候，就可以摆脱道德困境了，社会也就进步了。

我对道德的觉醒比较晚。一是在参与品德与生活（社会）课标研制、教材审查时，突感道德的重要性及德育的紧迫性；二是对道德现象观察时，顿感内心的道德焦虑。于是，我开始比较自觉地关注和研究道德及其教育，包括法治教育和心理健康教育。正是关注和研究，让我有了不少的思考，不成系统，仅作断想、散论吧。

一、道德是成人成才之根，是立人立才之基石

在贵州黄果树山上，总会看到千年的大榕树，顽强地向上、向外生长，古朴苍劲，顽强刚毅，显现出无比强大的可持续的生命活力。生命活力来自哪里？有人告诉我们，这儿流行一句话：千年古树万年根。生活是最忠实、最优秀的老师，仅仅7个字，就把道理说明、说透了：没有万年的根，哪有千年的树？古树千年的秘密就在那万年的根上。根是什么？根就是源，就是本，就是生命力之所在——我尊重生活德育的理念。

关于道德有不少的论述，其中还有一些精彩的隐喻。中华文化的底色和本色就是伦理道德。孔子的“仁者爱人”，墨子的“非攻兼爱”，孟子的“四端说”，直至孙中山的“博爱”，陶行知的“爱满天下”，斯霞老师的“童心母爱”等。习总书记用“国无德不兴，人无德不立”作了高度概括。冯友兰认为，中华民族有一个显著的特点，即“把道德价值看得高于一切”。正是中华文化中的传统美德，让中华文化血脉里永远流淌着道德的血液，铸造着中华民族的君子人格，君子之道实为为德之道、为人之道、立国之道。

道德也是人类的共同追求。诗人但丁如是说：“一个知识不全的人，可以用道德去弥补，而一个道德不全的人却难以用知识去弥补。”道德超越知识、引领知识。也有人曾说：“能力将你带上峰顶，德行将让你永驻那儿。”道德超越能力，对能力进行道德判断，能力才会有正确的方向。

今天的教育改革、课程改革，假若不以德育为先，而只在知识、能力、技术、工具上下足功夫，肯定是丢弃了那“万年根”，即使“千年古树”长得再高，也会虚空起来。道德教育，是培根护本。

二、道德是人类的最高目的，教育事业首先是道德的事业

承上所述，我们将道德置于人类的最高目的上。德国教育家赫尔巴特说

得特别明确:“道德普遍地被认为是人类的最高目的，因此也是教育的最高目的。”同时，他认为教育的目的就是要培养道德性格的力量。他还尖锐地指出，“一个人必须用道德的眼光来观察他在世上的全部态度”。由此，我想到，在我国古代，德育就是当时学校教育的主要构成。又想到，中国将学生发展核心素养界定为“必备品格与关键能力”，在“关键能力”前加上“必备品格”，强调的正是道德之于学生发展核心素养的价值方向性及道德对能力判断的重要作用。再由此想到教育事业的本质与核心。“教育是科学，在于求真；教育是艺术，在于求美；教育是事业，在于奉献与创新”，这些阐释无疑是正确的，但总觉得还少了什么，少的正是“教育的最高目的”——道德。我们应当毫不犹豫地提出：教育事业首先是道德的事业。我不敢肯定，当下学校德育得不到落实的根本原因是否是在对教育界定中缺少道德这一最高目的，但至少与此有着重要的关联。

在贵州省开展“西部教学改革支持计划”时，一位市长对我说：教学改革固然重要，而德育改革更为重要。她说：重视物质扶贫、经济扶贫，也包括教育扶贫，我们都欢迎、感谢，但没有思想上的、道德上的“扶贫”，结果很可能造成少数人的“等、靠、要”。最后，她“拜托”我们专家小组来关心和研究西部地区的德育。“拜托”是信任，是责任，是重托，也是期待，我们深感肩上的担子沉甸甸的。但又很高兴，因为这说明德育已引起了各方的关注、重视。如果还是用“由此想到”的方式来表达的话，那么我由此想到，司马光在《资治通鉴》第一卷叙述三家分晋、智伯灭亡的故事时，对于德与才有一篇长达千字的评论，主要观点是：才者德之资，德者才之帅。由此回想前文所述的“必备品格”与“关键能力”也是这样。

三、教师首先是道德教师，道德教师是对教师的新定义、新要求

教育首先是道德事业，毋庸赘言，教师首先是道德教师。这一逻辑是合理的，是相当重要的，应当成为教育的必然逻辑。

道德教师既是对教师道德的规定性，又是对教师本质的揭示。道德教师是对学科教师的超越。对学科的超越，绝不是对学科的否定，当然也不是对

知识的排斥。其主旨是，所有教师都要以道德追求和道德教育为己任，而不能为知识、分数所绑架；其核心名义是，一切为了育人，课程育人、教学育人，即立德树人。其实，教学与育人的逻辑应是一致的，“教书育人”是一个整体，但假若忽略了育人这一目的、这一核心、这一本质，教书与育人势必成了“两张皮”，教学的意义、价值就会丢失，教学已不是真正意义上的教学了。

道德教师不只是一个概念，更不是一句口号，应有具体的内涵。我认为道德教师的基本内涵是：在认知层面，道德教师对道德在教育中的价值地位有深刻的认知和把握；在素养层面，道德教师有良好的道德；在能力层面，道德教师以道德的方式实施教育教学；在目标层面，道德教师根据所教学科的性质、任务和特点，有机融入道德教育，引领学生进行价值澄清和选择。道德教师将逐渐形成教师的道德自觉。

四、道德教育要根植于中华优秀传统文化中，但传统文化需要进行创造性转化和创新性发展

“传统是围绕人类的不同活动领域而形成的代代相传的行事方式，是一种对社会行为具有规范作用和道德召唤力的文化力量，同时也是人类在历史长河中的创造性想象的沉淀。”《论传统》中对传统的这一解释是准确、深刻的。只有根植于中华优秀传统文化的德育才可能形成中国特色、中国风格、中国气派，最终促进并提升德育的有效性，让学生怀着中华民族的“乡情”走向世界，走向未来，在世界的任何角落知道自己是谁，是从哪里来的，现在在哪里，又要回到哪里去。

有一个问题值得我们重视，那就是中华传统文化的创造性转化。这并不难理解，传统文化中难免有糟粕，糟粕就应扬弃；传统文化也应随着时代而有新的内涵、新的解释。同时，当今的学生已与过去大不相同，他们有自己的兴趣、方式，呈现出鲜明的个性化理解和选择特征，如何让传统走进他们的心灵，也必须进行创造性转化。应当承认，目前无论是教材，还是日常的教育，传统文化的创造性转化是不够的。创造性转化应当成为弘扬中华传统

文化、加强道德教育的重大命题。唯此，传统才是鲜活的，根植于传统文化中的道德教育才会既有魂魄又闪耀着时代的特点，为学生所认同、所喜欢。

五、道德教育需要宏大叙事，又需要落小、落细、落实

我看到《当代中国道德箴言三字经（征求意见稿）》。其中有这样的表述：倡包容，重自律；乐参与，肯务实；育智德，养和气；念父母，多沟通；增理解，亲情浓；邻里睦，社区宁……其中不少是生活中的细节，甚至有些“琐碎”，但具体，可见、可做、可评。多少年的实践证明了，只有宏大叙事而无细节的落实，德育的针对性、实效性、持久性始终是得不到解决的，相反很可能培养一批说大话、说空话、说假话的人。有效的德育应是宏大叙事与微观落实的结合。

这里就涉及道德教育中的常规教育和制度建设问题。建立常规，就是将基本要求变成规则，成为大家的行为准则，形成良好的行为习惯，诸如扫好地、排好队、不扔纸屑、不随地吐痰、不闯红灯、不损坏公物……这些要成为大家的自觉。有人说日本人在看完一场球赛后，在结束一次远足活动后，场地上没有一张纸屑，没有一点瓜皮果壳，实在“很可怕”。可怕的是他们将民族性格、精神、素养外化为一个个可以看得见的行为。我们呢？我们该怎么做？

六、教学中的价值渗透与价值开发、价值澄清与价值引领

课程、教材、教学应当渗透道德教育，这没有什么错。但是仔细想一想，道德教育是从外向内渗透的呢，还是其内在道德元素的开发呢？当然是后者。道德就在教材中，在教学中，需要开发，使之显现，成为育人的一个点、一次机会。同样，价值澄清是一种进步，但是澄清只是道德教育的第一步，还应有更重要的一步：价值引领。倘若止于价值澄清，很有可能造成学生在多元价值观前的困惑，以致产生价值迷乱。价值引领是我们的使命，也是对教育智慧的挑战。

七、对道德教育来一场“龙场悟道”，实现知行合一

龙场，古地名，距贵阳40多公里，在古代那儿是一片原始森林，荒僻、贫穷。王阳明被发配到那儿。被流放时，不准他带任何书籍，并被一路追杀，可谓九死一生。王阳明每日静坐思索，结合自己的遭遇，日夜反省，追问孔孟，追问尧舜：人，该如何生存？他头脑里风起云涌，心力交瘁，几乎到了精神崩溃的地步。突然有一天，他从梦中惊醒，叫了起来：“圣人之道，吾性自足，向之求理于事物者误也。”这就是著名的“龙场悟道”，悟出了心学，创立了心学。王阳明心学的核心就是知行合一。

道德教育要摆脱困境，重要的是实现知行合一，将道德认知与道德践行结合起来、统一起来，进行道德学习。当今的道德教育真的需要来一场新的“龙场悟道”，建构起新时代的道德高地。

核心观点

立德树人：课程改革的根本任务

我国基础教育课程改革已经进入深化阶段，其重要标志之一就是，经国务院批准，教育部颁发了《关于全面深化课程改革，落实立德树人根本任务的意见》(以下简称《意见》)。这一《意见》，从文件名称上看，有两个关键词，一是深化课改，二是立德树人。两者的关系是，深化课程改革，目的是为了落实立德树人的根本任务，要以立德树人为根本任务推动课改的深化。

如何理解课改的深化，如何把握立德树人这一根本任务，是今后课程改革需要着力研究并认真实践好的。

一、立德树人：新时期我国的育人模式

立德树人，是发展中国特色社会主义教育事业的核心所在，是培养德、智、体、美全面发展的社会主义事业建设者和接班人的本质要求。核心所在、本质要求，揭示、点明并阐释了我国发展社会主义教育事业、培养社会主义事业建设者和接班人的根本目的，倘若不以立德树人为根本任务，那么就体现不了我国教育事业发展的核心目的，也就体现不了党的教育方针所规定的培养目标的本质特点，当然也就不能凸显我国教育事业的特色，势必就无所谓教育的中国道路、中国力量、中国声音。

自从20世纪80年代末以来，我国一直在推行素质教育，而且取得了重大进展。党的十八大有关文件中并未出现素质教育的概念，这绝不意味着对素质教育的否定。素质教育已成为普遍使用的概念，从口号本身来说，素质教育已深入人心。但是需要深思和追问的是，素质教育更为深层次的价值追求和根本目的究竟是什么。尽管我们都知道、明白素质教育是为了学生素质的全面提高，但对于学生素质发展中的核心素养究竟是什么，并不是十分准确和清晰的。立德树人，把培养人、发展人作为根本目的，作为核心理念；把通过立德树人，让学生成人成才，作为根本和途径，立德树人的根本价值取向是非常鲜明的。因此，立德树人是新时期对素质教育的新要求，素质教育应当以立德树人为根本目的，并在立德树人的引领下，更深入地推进。

立德树人，首先需要立德。国无德不兴，人无德不立。不立德，就不能树人，要通过立德去树人，这是由道德的重要性所决定的。德国教育家赫尔巴特说："道德普遍地被认为是人类的最高目的，因此也是教育的最高目的。"教育事业首先是道德的事业，亦如美国教育家内尔·诺丁斯所指出，一个在伦理上有考虑的教师，首先是道德教师。道德事业，超越了教育是科学、教育是艺术的认知，科学、艺术，倘若没有道德的充盈和支撑，就不可能是真正的教育；同样地，道德教师超越了学科，所有学科教师都应该首先是道德教师。北京十一学校校长李希贵说得好："教师不是教学科的，是教人的。"

道德这一最高目的，引领着我们认识以下关系。一是道德与幸福的关系。亚里士多德说："幸福乃是在完满生活中德性的实现。"道德应是幸福的灵魂。二是道德与智慧的关系。智慧必须对人类有益或有害的事情采取行动，不对人类有益，再聪明都不能视作智慧或智者。道德是智慧的本质特征。三是道德与法律。孟德斯鸠认为，法律是最基本的道德，而道德则是最高的法律。正因如此，康德才说："仰望太空，星光灿烂；道德律令，在我心中。"从道德与教育的关系看，首先，道德与人的全面发展。苏霍姆林斯基说："道德是照亮全面发展的一切方面的光源。"蔡元培认为："若无德，则虽体魄智力发达，适足助其为恶。"其次，道德与教学。第斯多惠指出："任何真正的教学莫不具有道德的力量。”其实，这就是教育与教学的关系。赫尔巴特坚定地认为：“我想不到有任何‘无教学的教育’，正如在相反方面，我不承认有任何‘无教育的教学’。”无疑，这些关系的阐释，让我们坚定一个信念：教育的幸福、智慧、依法治校、教学改革都离不开道德，立德在树人中起着关键性的支撑作用。

立德树人，不只是立德的问题，也不只是讨论道德与树人关系的问题，更重要的是探索、建构育人模式的问题。这一模式，具有鲜明的中国特色。中华民族自古以来就非常注重道德在人的发展中的重要性，无论是天下兴亡、匹夫有责，还是仁爱共济、立己达人，抑或是正心笃志、崇德弘毅，道德始终引领、支撑着人的发展。立德树人是在中华优秀传统文化土壤里生长起来的育人模式。同时，这一模式又迎合着世界教育改革的潮流，回应着时代的召唤。教育就是为了育人，立德树人把教育的宗旨定在人的发展上，这就超越了知识，更超越了分数，甚至超越了能力。让人成为目的，让学生站在教育的中央，让教师与学生都成为学习者，这些都是全球教育共同面临并正在探索的问题。因此，立德树人是面向全球的一个开放的概念。道德的困境成了世界各国的难题，大家都在探索如何摆脱困境，而我们国家更重视、更凸显道德的力量。这一具有中国特色的育人模式，将展现巨大的生成、发展力量，也将展现特有的中国魅力和风格。

二、落实立德树人根本任务的主要保障

深化课程改革，落实立德树人的根本任务，对课程管理提出了许多新的要求。这些新的要求，也迫使课程管理来一次变革，在变革中适应，在主动适应中提升，为落实立德树人根本任务提供以下主要保障。

1. 进行整体设计，加强统筹，推进教育综合改革。

立德树人绝不是某一个方面的任务，只有各个方面形成合力，协同作战，才能真正落实好。为此，《意见》提出，要加强五个方面的统筹：加强学段统筹——小学、初中、高中、本专科、研究生教育的统筹，上下贯通，把立德树人的任务落实在各个学段中，使之真正成为“根本”任务；加强学

科统筹——所有学科都要以立德树人来引领，把立德树人落实在所有学科的教学中，尤其是德育、语文、历史、体育和艺术学科；加强环节统筹——课程标准、教材、教学、评价、考试等环节都要以立德树人为根本要求进行改革；加强力量统筹——教师、管理干部、教研人员、专家学者、社会人士都要将立德树人作为自己的任务，齐心协力，为建构立德树人这一育人模式而探索；加强资源统筹——课堂、校园、社团、家庭、社会都应成为立德树人的阵地，开发课程资源，在共同建构的平台上育人。

统筹是一种系统思维，着眼全局，整体设计，形成体系；统筹是一种力量，资源统整，形成合力；统筹是一种方法和手段，通过它把各种因素整合在一起。立德树人根本任务的提出与落实，要求课程的管理部门建立统筹思想，加强统筹力度，寻求统筹的有效途径，探索以统筹为特征的立德树人的管理模式。其实，加强这五个方面的统筹，不只是管理部门的事，所有教师既是被统筹的对象，也是统筹的资源，还是统筹的力量，也应增强意识，积极参与到统筹中去，成为自觉的统筹者。

2. 进行学生发展核心素养研究，使立德树人根本任务落实到每一个学生的发展上。

进行学生发展核心素养研究，是世界教育改革的共同趋势。教育改革面临着新的形势，经济全球化下人才观的变化，人力资本理论的提出，民主与终身学习理念的进一步确立，提高公民素养日益成为世界各国教育的共同主题。一些重要的国际组织、世界发达国家和地区，都在着力开展学生发展核心素养的研究。面对新时代、新趋势，尤其是面临着立德树人的根本任务，我国也开展了这方面的研究。

研究学生发展核心素养，促使教育改革、课程改革真正走向人的发展。核心素养的研究、明晰，让课程改革着眼于学生素养的提升，而不是着眼于知识、分数、升学。这样以学生发展为本，从某种意义上说，就是以学生核心素养发展为本。研究学生发展核心素养，促使学生发展走向整体素养的提升。各学科素养的培养固然有利于学生素养的发展，但研究、明晰超越学科、跨学科的必备的共同素养，更有利于学生的整体发展。各学科首先以学生发展核心素养为总要求、总任务，这也势必推进课程改革的统筹和课程的综合性。研究、明晰学生发展核心素养，促使学生根基性的素养持续发展。核心素养之核心，在于素养的根基性。根基性具有基础性和根本性，因而核心素养具有再生性和发展性。因此，就中小学生而言，核心素养的研究与明晰，促使基础教育的性质、任务和特点更为凸显。研究、明晰学生发展核心素养，促使学生核心素养更具时代特点，回应经济全球化及大数据时代对学生素养的召唤，让学生怀着既有中华文化烙印又有时代气息的核心素养走向世界、走向未来。

学生发展核心素养的研究与明晰，主要是专家学者们的任务，但这绝不意味着教师与此无关。苏州市吴江实验小学近三年来一直在研究语文、数学、英语三门学科的“关键性素养”；南京市力学小学近几年致力于学科特质的研究，研究基于学科特质的“关键能力”；常州市武进区湖塘桥实验小学以“身体健、智慧脑、中国心、世界眼”为核心领域，研究小学生发展核心素养，以素质工程来推进素质教育，落实立德树人根本任务；江苏省锡山高级中学提出学科宣言，其实质是对学科核心素养的高度概括；尤其可喜的是，南京市琅琊路小学关于小主人发展的核心素养研究已有重要成果……这些研究与实践告诉我们，围绕学生发展核心素养，校长、教师是有所作为的。一是要增强意识，课程改革旨在促进学生发展，旨在提升学生发展核心素养。教师心中一定要有素养发展概念，绝不能只是知识和分数。二是要关注国内外关于核心素养的研究，以此来开阔视野，丰富知识，从中得到启发。三是要从学校课程改革的实际出发，针对问题，进行学生发展核心素养的小课题研究。事实证明，这种校本化的学生发展核心素养的研究更有效。

3. 努力做道德教师，自觉探索道德课堂的建构。

如上所述，教育事业首先是道德事业，教师首先是道德教师。道德教师绝不是上思想品德课的教师，而是要求教师有较高的道德追求和道德水准，用道德的方式进行教育，同时又能根据学科的性质、任务、特点，自觉地进行思想品德教育。道德教师既立足于学科，又超越了学科。同样，道德课堂绝不是思想品德这一门学科的课堂，而是要求所有学科、所有课堂都要进行道德教育，让道德之光照亮课堂、道德意义之水在课堂里流淌，让学生心田里生长出道德绿芽，过有道德的生活。江苏省邗江中学近十年来一直致力于道德课堂的建构，取得了可贵的进展和成果，是值得大家学习借鉴的。

道德教师是落实立德树人根本任务的一个重要保障，道德课堂是落实立德树人根本任务的一个重要途径。从另一个角度看，立德树人要求教师首先成为优秀的道德教师，要求所有课堂首先建构成道德课堂。当教师成为道德教师、课堂成为道德课堂时，立德树人的根本任务就能得以落实了。

三、立德树人引领下的主要教育任务

立德树人，立什么德？树什么人？怎么通过立德去树人？我们必须从理论和实践两个方面理解好、把握好、实践好。

1. 在学校文化建设、课程教学改革中有机融入社会主义核心价值观的教育。

习近平总书记用非常生动的比喻深刻阐明了核心价值观教育的重要意义。他说，核心价值观是最大公约数。最大公约数，可以形成共识，具有强大的凝聚力，团结大家去实现共同的理想。他又说，加强核心价值观教育，就是帮助青少年扣好人生的第一粒扣子，如果第一粒扣子扣错了，剩余的扣子都会扣错。核心价值观的教育关乎学生发展的起步，更关乎学生未来的发展，因此，它不仅具有十分重要的现实意义，而且具有重要的战略意义。习总书记又说，核心价值观，其实就是一种德，既是个人的德，也是一种大德，就是国家的德、社会的德。论述十分精辟、十分精彩。课程改革、教学改革就是要努力地去寻找最大公约数，建构个人之德和社会公德，帮助学生扣好人生的第一粒扣子。

寻找最大公约数，扣好第一粒扣子，首先要搞清楚什么是价值。对价值有许多定义和解释，无论何种解释，有一个问题是和价值紧密联系在一起的：理想。南京师范大学的鲁洁教授说："价值是理想中的事实。"确立起崇高的理想，听从理想的召唤，执着地去追求理想，在理想的光照下去探索、去创造，这就是价值。课程改革就是要帮助学生树立远大的理想，为实现中华民族复兴的中国梦，从现在开始，用自己的努力一步步地去践行。无论是国家层面的、社会层面的，还是个人层面的，社会主义核心价值观都应成为学生共同的理想，成为永远的追求、永远的践行。

社会主义核心价值观应当融入学校文化建设中。核心价值观是文化软实力的灵魂，是文化软实力建设的重点，决定着文化的方向，体现着文化建设的深层次的追求。学校文化建设绝不仅仅是几座雕塑、几面墙壁、一座小桥、一座亭子，也绝不仅仅是几句口号、几个要求，而应成为学校的文化软实力，具体体现在学校的精神、教育的核心理念、发展的愿景以及师生的风貌和形象中。当核心价值观植入学生心灵的时候，校园里才会闪耀理想的光芒。在社会主义核心价值观的引领下，逐步建构起自己学校的核心价值观，这是一种深层次的文化建构。

社会主义核心价值观应当融入学校课程建设中。课程是价值观的载体，要充分体现并真正落实核心价值观教育。在实施国家课程时，一要认真开发课程内容中蕴藏着的核心价值观的因素，不要为知识、技能教学所遮盖，而应让其凸显出来；二要有机渗透在教学过程中，在内容中渗透，在结构中渗透，在评价中渗透，在管理中渗透。此外，校本课程的开发，要在充分关注学生兴趣、需要，促进学生个性发展的同时，在开发学校文化和本土文化的过程中，增强核心价值观的引领意识，改进融入和渗透方式，用生动活泼的方式来呈现和实施。

价值是需要澄清的，不澄清定会造成学生的价值困惑，甚至产生价值错乱和迷失。问题是由谁来澄清？既要让学生学会澄清，又要充分发挥教师在价值澄清中的引领作用。教师的引领作用，不仅在知识的学习、能力的培养中，更应在价值观的判断和选择中。教师引领下的价值澄清，才会使核心价值观的融入真正有效、科学。

2. 进一步加强和完善中华优秀传统文化教育。

中央电视台的一档普通节目《中国汉字听写大会》引起海内外华人的共同关注，几百家媒体予以报道。“汉字”“汉字听写”“汉字书写”成了当时使用频率最高的词语。这是一种现象，这一现象的背后是对中华优秀传统文化的热爱和思考。每一个汉字都是一个中国故事，汉字里满蕴着中华文化的基因，彰显着中华文化的价值和力量。当多元文化、多元价值涌来的时候，当外语教学不断加强的时候，当新媒体、新手段日益成为大家普遍沟通、交流的工具的时候，作为中华文化载体的汉字该怎么办？汉字听写，其实是对中华文化的倾听；汉字书写，其实是对中华文化的书写。倾听、书写，成了中华优秀传统文化延续、弘扬的手段。它是一种召唤，也是一种期待，中华优秀传统文化成了鼓舞我们不断前行的力量。余光中在《听听那冷雨》中这么说："杏花、春雨、江南，六个方块字，或许那片土就在那里面。而无论赤县也好，神州也好，中国也好，变来变去，只要仓颉的灵感不灭，美丽的中文不老，那形象，那磁石一般的向心力当必然长在。"的确，中华文化是磁石，是一种向心力，凝聚着中华民族，鼓舞着中华民族。课程改革是离不开汉字，离不开中华优秀传统文化的；课程改革应当在弘扬中华优秀传统文化中发挥重要的作用。

牢固的价值观都有其固有的根本，抛弃传统，离开根本，丢掉根本就等于斩断了自己的精神命脉。博大精深的中华优秀传统文化是我们在世界文化激荡中站住脚跟的根基。中华文化积淀着中华民族最深沉的精神追求，是中华民族生生不息、发展壮大的丰厚滋养。中华优秀传统文化是中华民族的突出优势，是我们最深厚的文化软实力。命脉、根基、精神追求、丰厚滋养、突出优势、文化软实力，一个个词闪烁着中华文化的思想光芒，生动、精辟、深刻，这本身就是中华优秀传统文化的无穷魅力，准确地阐明了弘扬中华优秀传统文化极其重要的意义和价值。对此，教育应有义不容辞的神圣担当。课程既是文化的载体，其本身又是一种文化，同时承担着文化发展的重任。以传承和发展中华优秀传统文化为重任，课程改革才会寻找到根基，回归那丰厚的土壤，获得最深刻的精神命脉和最深沉的精神追求，形成中国基础教育课程改革的突出优势，成为最深厚的文化软实力。总之，中国特色的课程改革应根植于中华优秀传统文化的沃土。

深化课程改革，进一步加强和完善中华优秀传统文化教育。首先，明确教育的核心：爱国主义教育。热爱中华文化，是热爱祖国的重要表现，热爱祖国就要热爱中华优秀传统文化，国家认同说到底是文化认同。课程改革就是要让中小学生在中华优秀传统文化的沐浴下，种下一颗颗爱祖国、爱中华的种子。其次，明晰中华优秀传统文化教育的重点。天下兴亡、匹夫有责的家国情怀，仁爱共济、立己达人的社会关爱，正心笃志、崇德弘毅的个人修养；小学低年级要以培养中华优秀传统文化的亲切感为重点，小学中高年级要以感受力为重点，初中、高中分别要以理解力和理性认识为重点。现在的问题是，如何让中华优秀传统文化滋养、引领课程、教材和教学，如何建设具有中国特色的基础教育课程体系，彰显中国品格和风格。这需要校长、教师和专家学者共同来研究和探索。江苏省锡山高级中学、南京市琅琊路小学等不少学校在这方面已经取得了重要进展和成果，因此，我们充满信心，也充满期待。最后，进一步加强爱祖国、爱劳动、爱学习教育，加强人文素养和审美素养的培养。

第一辑

道德是教育的光源

当把不可能变成一种可能的时候，教育就有了伟大的魅力。道德教育的魅力正是来自儿童，来自对儿童可能性的发现、开发和发展。

道德是教育的光源

课程改革、教学改革要以立德树人为根本导向和根本任务。

立德树人是一个完整的育人模式，具有中国特色，又具有普遍意义。它超越了德育，但十分重视德育。在立德树人的过程中，德育是其重点，还应视其为核心。国无德不兴，人无德不立。同样，课程、课堂无德，就不是真正的课程、真正的课堂，更谈不上好课程、好课堂。道德课程、道德课堂是立德树人内在的应有之义，也是落实立德树人根本任务的必然诉求；反之，没有道德课程、道德课堂的真正建构，立德树人根本任务的落实是几乎不可能的。

我曾经描述过道德课堂的基本要义，以道德的方式展开，充满道德意义，让学生在课堂里过有道德的生活。这里绝不是以道德代替一切，绝不是否定知识，相反，是强调用道德的力量来支撑和优化课堂教学，用道德的方式来改进教学和引领学生素养的全面提升。

我在关注叶圣陶先生的言论。他曾经这么评价和判定课堂教学的性质和意义：所有的课都应是政治课，所有的课都应是语文课。他说的政治课，其实就是道德课，强调所有教学都应有道德意义、思想教育意义。一如德国教育家赫尔巴特所说：我不相信没有教育的教学。第斯多惠说过同样意思的话：任何教学都充满着道德的价值。在课程改革不断深入的今天，倘若我们缺乏这样的认识，仍然以知识为本，以技能训练为主线，是很说不过去的。从另一个角度看，这样的课堂其实也违背了教学的基本要义。

道德与智慧紧密相连。当我们谈论智慧时，必定也在谈论道德，缺失道德的聪明只是聪明，而非智慧。道德是智慧的灵魂，因而古希腊哲学家苏格拉底才认为：我们每一个人把希望系在灵魂上，要使灵魂善起来，那么灵魂应当系在智慧之上。美德即智慧。毋庸置疑，智慧教师首先是道德教师。因此，研究智慧课堂如不关注道德，其实也就偏离了智慧的灵魂，完全有可能成为无魂、无根的课堂。

道德与幸福紧密相连。美国教育哲学协会前任主席内尔·诺丁斯认为，师生共同追求幸福，让学生的当下和未来都是幸福的，这是教育的核心目的。何为幸福？幸福从何而来？亚里士多德曾用“德性的实现活动”来定义幸福，可见追求幸福本身包含着道德意义。抑或说，幸福的拥有应以道德的方式，也应是道德展开的过程。正因如此，幸福教育、幸福课堂同样要用道德的力量和方式来支撑。当下一些幸福课堂对道德的忽略，往往会掉入幸福相对主义的泥淖。这同样十分危险。

教育家苏霍姆林斯基曾经用“道德是学生全面发展的光源”来强调道德的重要。既然如此，我们应当去寻找、去创造课堂中的这一光源，让其照亮我们的课堂，照亮立德树人的根本任务。

寻找道德教育智慧的源头

“德育应该是最有魅力的。”[①] 德育面对的是人，是人心，是人的向善之心，而“人—人心—人的善心，世间还有什么比这些更有魅力？”[②] 但是，严重的现实是：德育的魅力正在消退，而且日渐“变得面目可厌起来”[③]。因为它背离了真实的、鲜活的、丰富的源头而渐行渐远，背离了原本智慧的道德和道德教育的智慧，走向单调、枯燥，甚至走向愚蠢。失去了源头的教育是不道德、不智慧的，失去了智慧的教育是无魅力、面目可厌的。中小学的德育太需要寻找、发现并看守道德教育的源头了，太需要寻觅、发现并生长道德教育的智慧了。寻找道德教育的源头和智慧，就是在寻找道德教育自身的内在力量。只有这种内在的力量，才能使德育找到依据和支撑，找到动力和机制；只有这种内在的力量，才能让魅力永远伴随当代的中小学道德教育，才能持续生成道德教育的智慧。

---

① 鲁洁．道德教育的当代论域［M］．北京：人民出版社，2005.

② 同上。

③ 同上。

一、智慧：儿童道德生命成长方式

当下，中小学生匍匐在知识殿堂的脚下，为知识而生存着。这种知识生存又在应试教育体制下演化成为分数而生存，背诵知识与争取分数成了中小学生的主要生活方式，主导着他们的生存状态与生活质量。在这样的生存中，道德受到了挤压，智慧受到了逼迫，儿童的道德生命逐渐萎缩。道德教育的崇高使命就是让儿童的道德生命在阳光下、微风中自由地舒展，这种舒展的生长方式应是道德的，也是智慧的。这是为什么呢？我们该如何解读道德教育的智慧呢？

1. 教育：让儿童智慧生存的艺术。

智慧是一个很难定义的概念。也许因为很难定义，才显其智慧。因此，我以为，对智慧可暂不定义。正因为暂不定义，我们对它才有更大的解读空间。尽管如此，智慧实实在在地存在于教育之中，赋予教育特有的性格和色彩。“教育是通过知识引导人的智慧成长的艺术。”“智慧对于人的发展具有本体论的意义。”[①]这种与人生高度相契合的智慧，通过教育让儿童超越知识，获得智慧生存方式，真正认识生活和把握生活，真正认识世界和把握世界。教育在智慧的引领下完成特殊生命。正如怀特海所说：“虽然智力教育的一个主要目的是传授知识，但智力教育还有另一个要素，比较模糊却更加伟大，因而也具有更重要的意义：古人称之为‘智慧’。你不掌握某些知识就不可能聪明；但你可以很容易地获得知识却仍然没有智慧。”[②]显然，道德教育离不开知识，但有知识并不等于有智慧，没有智慧引领的道德知识是肤浅的，缺少智慧的道德教育是苍白无力的。道德教育的智慧，指向人的生存，指向人的道德自由，指向人的道德生命的生长，让学生热爱生活、热爱人类，让学生学会感激、追求崇高，让学生充溢幸福感和责任感。我们不妨作这样的判断：当下德育的诸多问题，在很大程度上是“知识至上”遮蔽

① 靖国平.教育的智慧性格——兼论当代知识教育的变革［M］.武汉：湖北教育出版社，2004.
② 同上。

了智慧，遮蔽了儿童的智慧生存；让道德教育富有魅力，首先要让儿童智慧生存。

2. 道德：充溢着智慧的内涵。

儿童的道德成长需要道德教育的智慧，而道德本身与智慧是紧密联系在一起的。其一，道德就是一种智慧。“中国传统的道德理论是关于生命的学问。中国的道德心理学、道德教育学和道德哲学的核心论题是道德智慧问题”，“道德智慧体现着人的本质。”[①] 在西方，无论是柏拉图“理性的德性是智慧”，还是亚里士多德的“德性是一种中庸之道的实践智慧”；无论是康德的“德性就是力量”，“德性就是意志的道德力量”，还是加德纳鲜明提出的“道德智慧”[②]，都从不同的角度阐明道德本身就是一种智慧，即所谓的道德智慧。其二，智慧总是与道德为伴。苏格拉底说：一切别的事物都系于灵魂，而灵魂本身的东西，如果它们要变为善，就都系于智慧；所以推论下来智慧就是对人有益的东西。亚里士多德还说：智慧就是对那些对人类有益或有害的事采取行动。道德与智慧相伴相随。其三，道德决定着智慧的方向。智慧是有方向感的，传说希腊雅典城原本没有名字，有不少人要求用自己的名字来命名。雅典人说，谁为我们做的事好、有益，就用谁的名字做城市的名字。结果，海神波塞冬送的礼物是战马，而智慧女神雅典娜送的礼物是橄榄枝。雅典人接受了雅典娜的礼物和名字，因为橄榄枝代表着和平。可见，智慧之神追求着人类所渴望的美德。用道德支撑的智慧才是真正的智慧，否则是狡猾、奸坏，充其量只是智商和聪明而已。

3. 道德教育中智慧的缺失。

缺失一：以道德知识代替道德智慧。道德智慧需要道德知识的支撑，但是道德智慧不等同于道德知识，也不是所有的知识都可能产生智慧。实践中，我们往往止于并满足于抽象概念的解释、空洞道理的宣讲、现有结论的背诵。知识湮没了智慧，代替了智慧。道德教育的结果是学生会说、会背、

① 吴安春. 回归道德智慧——转型期的道德教育与教师［M］. 北京：教育科学出版社，2004.

② 同上。

会考试，而面对多元文化现象和价值观却不会辨别、不会选择、不会行动。结果，道德教育知识胜利了，而人却失败了。

缺失二：忽视了道德能力的践行。智慧不是虚无缥缈的，总是附着在能力上。“能力可以理解为智慧的基本外部特征，或者是人的智慧力量的外部表现形态。”[①] 可以说，忽视能力的培养会压抑智慧的生长。道德教育是一个实践性很强的命题，道德教育本身就是一个实践过程，而经历、体验则是道德教育的基本途径和方式。经历、体验本质上是一种践行，也是一种能力。但事实是，道德教育为文本所占领，儿童的经历与体验退避三舍。没有经历，哪有体验？没有体验，哪会有心悟之、行动之？无行动、无能力，哪有智慧可言？

缺失三：封闭了道德智慧生长的空间。智慧离不开生活，离不开对情境的认知、辨别与顿悟。智慧在生活中才会生长和活跃，在情境里才会萌发和闪现。当下的德育，儿童道德生活的土壤贫瘠，丰富的生活世界之门被关闭。“早上起来得最早的是我，晚上睡得最迟的是我，作业最多的是我，负担最重的是我还是我。”学生对流行歌词的改编道出了逼仄生活中的无奈。无奈的生存状态，扼杀了道德智慧。

缺失四：破坏了道德智慧的“表情”。智慧应该有自己的表情。智慧的表情是智慧的外部基本特征。愉快、欢悦、幸福应是智慧的表情。让儿童智慧起来，首先让儿童快乐起来、幸福起来。幸福感的消退，正是智慧的消退。当然，智慧的表情并不排斥刻苦的学习、深度的体验。值得注意的是，原本充溢魅力的道德教育却使儿童感到厌烦，并且拒绝。就在厌烦与拒绝中，儿童智慧的道德生命停止了生长。为此，必须寻找智慧的源头活水，滋润道德教育，激活儿童的道德生命。

① 靖国平.教育的智慧性格——兼论当代知识教育的变革［M］. 武汉：湖北教育出版社，2004.

二、儿童、儿童的可能性：道德教育智慧之根源

1. 为什么提出可能性？

固然，生活是道德教育的土壤。“新课程认为：道德存在于生活，生活是道德存在的基本形态。或者说，道德就是人所选择的生活方式……道德的基本提问是‘人应当如何生活’的问题。把道德理解为生活和生活方式，澄明了道德的本质。”[①] 撇开生活和生活方式就无所谓道德，也就无所谓道德智慧和道德教育智慧。这是日渐为大家所认同的基本命题。需要进一步提问的是，生活的主语是谁。生活是人的生活，人是生活的主语。在回答“人应当如何生活”这一问题时，不能忘掉主语“人”。丢弃人就无生活可言，亦即无道德可言；讨论生活，最终讨论的是人，关注的是人的生活和人的发展。我们应该从生活背后去发现人、关注人。

正如卢梭所说：“我觉得人类的各种知识中最有用而人最不完备的，就是关于‘人’的知识。”[②] 卢梭的这一沉重的感叹，让我们想起了卢森堡所说的话：“一个匆忙赶往伟大事业的人没心没肝地撞倒了一个孩子是一件罪行。”[③] 卢森堡谈论的是革命者。可我们也是“赶往伟大事业的人”，由于缺少对孩子的了解，急急忙忙中我们也变得没心没肝了。这就谈不上智慧，更谈不上道德了。实践中，此类的教训实在太多了。《道德经》中说：“知人者智，自知者明。”寻觅儿童，认识儿童，发现儿童，才会获得道德教育智慧之源泉，才可能获得道德教育的成功。

那么，我们该如何认识儿童呢？我们该重新发现儿童的什么呢？尼采和康德的话深深地启发了我们。尼采认为，在人的各种规定性中，具有本质意义决定性的是：人是“未定型的动物；人的未定型和寻求意义的努力是人

① 鲁洁．道德教育的当代论域［M］．北京：人民出版社，2005.
② 王啸．教育人学——当代教育学的人学路向［M］．南京：江苏教育出版社，2003.
③ 同上。

的伟大之处"[①]。而康德说:"人是一个有限的理性存在,但有无限的可能性。"皮亚杰在逝世前的一两年把主要精力放在儿童的必然性和可能性范畴的研究上,他说:"智慧的发展表现为新的可能性的产生。"[②] 如此推论,我们的思路渐渐清晰起来:关注儿童—重新认识和发现儿童—认识和发现儿童的可能性—建构儿童的道德教育—生长道德教育的智慧。如果对儿童可能性这一伟大之处视而不见,那么撞倒孩子当然是不可避免的。

2. 可能性是什么?

鲁洁说:"人之为人的特性在于:世界上一切存在都只能是'是其所是',而唯有人这种存在不仅是'是其所是',而且还可能是'是其所非'……他既面对着一个无可选择的先在前提,又具有向世界、向历史无限敞开的可能性;他既是规定的经验存在,又是理性的超验存在……"[③] 人的这种"是其所是"与"是其所非"的统一,让人的特征充分显现,人的发展才具有最大可能。儿童更是如此,他们的"是其所非"显得更为强烈,更为突出。

可能性,简言之:"还没有。"一是还没有确定。确实,"自然就是把尚未完成的人放到世界之中,它没有作出最后的限定,在一定程度上给他留下了未确定性"[④]。儿童处在不确定中,就会有多种可能性,就会"不安分",充满变数,也就会永远处在发展状态之中。在基础教育中,让儿童具有很大的"未确定性"的教育才是最好的教育。二是还没有成熟。这应该包含两层意思:儿童的发展既需要教育的促进,又需要其自身的成熟,二者缺一不可,教育不是万能的。在其自身不成熟时来不得急躁及所谓的"超前"式的拔苗助长。由于不成熟,儿童会有许多缺陷,也会有错误,这都是正常的。此时,缺陷与错误不仅成了儿童的表征,而且成了教育的资源。可能性的这种

① 王啸.教育人学——当代教育学的人学路向[M].南京:江苏教育出版社,2003.
②[瑞士]J.皮亚杰.可能性与必然性[M].熊哲宏,主译,李其维,审校.上海:华东师范大学出版社,2005.
③ 同①。
④ 同①。

"还没有"，让儿童具有极大的可塑性。可塑性的存在正是教育价值和使命之所在。

往深处说，可能性意味着可开发性，开发性建立在可能性之上。教育的开发就是对可能性的开发。教育永远是一种发现和开发，是因为人永远存在着可能性。当教育停止了发现和开发，势必就把人的可能性凝固在一个有限的规定之中。这种可开发性又意味着人永远是生成着的；人生成着，意味着人永远是超越的，永远处在打破种种界限和规定的状态之中。生成、创造、超越正是可能性的本质。

可能性的这种本质具体体现在人的潜能上。人的潜能好比富矿，一旦被开采，就会产生巨大的能量。以往我们也关注潜能，但只局限在"潜在"的状态，可能性使潜能活跃起来、生动起来、具体起来，与人的发展和超越紧密联系起来。所以，可能性是道德教育的一个重要命题。

3. 儿童还有另一方面可能性吗？

回答当然是肯定的：儿童存在着背离教育的要求，向另一面发展的可能。这种可能性的两极发展是正常的，正如杜威所说，儿童的生活是琐碎和粗糙的，他们总是在以自己心目中最突出的东西暂时地构成整个宇宙，但那个宇宙是变化和流动的，它的内容以惊人的速度消失和重新组合。如果放任儿童按着他自己的无指导的自发性去发展，那么从粗糙的东西发展出来的只能是粗糙的东西。这说明儿童的可能性及可能性的引导是一个深刻的话题。

这种另一方面可能性的原因及表现主要是：（1）电子媒介及网络世界，把成人的一切秘密都暴露在孩子面前，"如果没有秘密，童年这样的东西当然也就不存在了"[①]。这就是童年消逝的可能性。儿童的道德教育必须为储藏和丰富童年而努力。（2）我们的生活方式为电视所控制。"现在的一切公众话语都日渐以娱乐的方式出现，人类很可能成为一个'娱乐至死'的场所。"[②] 儿童道德学习需要兴趣，需要生动活泼，但绝不能娱乐化。道德教育

①［美］尼尔·波兹曼．童年的消逝［M］．吴燕莛，译．桂林：广西师范大学出版社，2004.

② 同上。

必须警惕导致娱乐至死的生活方式，必须引导儿童追求健康、高尚，在刻苦中体验，在艰难中寻求成功。（3）心理断乳期现象正在趋于消失。日本的研究报告说，在富裕社会里，教育空洞化，青少年的压力已发生变异，压力的变异与消失是一种心理断乳。他们的个人目标与社会目标相分离。青少年的心理断乳正是在实际的“缺乳”的状态下悄然消失的。① 世界是一个价值有涉的大森林，既有天使，也有魔鬼；既有真善美，也有假恶丑。儿童的伟大之处有时正是儿童的危险之处。儿童的可能性就是这么尖锐地挑战着道德教育和道德教育的智慧。

三、道德教育：从源头出发

1. 儿童道德教育要从儿童出发，并以儿童的超越性为归宿。

既然儿童是道德教育的源头活水，儿童的道德教育就必须从儿童这一源头出发，这既是道德教育的逻辑起点，又是道德教育的归宿。这实际上是一个道德主体的问题。但什么样的儿童才可能成为主体？夏伟东在《德治新论》中说：“不但没有主体性便没有道德，即便有了主体，但如果主体并不敬仰和服膺道德，也同样没有道德。”② 当儿童敬仰和服膺道德时，才可能真正成为主体，显然，道德教育从儿童出发，首先让儿童生长道德，敬仰道德，具备美德。真正认识儿童，重新发现儿童，在认识与发现儿童中引导儿童，永远是道德教育的永恒主题。

从儿童出发，不是停留在“此在”的儿童水平上，应以超越性为归宿。这种超越性，主要表现为儿童是道德的创造者和享用者。道德不是神谕的，也不是先天就存在的，而是人创造的。儿童不是道德的被动接受者，应是道德的创造者。让儿童创造自己的规则和道德，是最大的教育智慧。道德不是专门用来限制人、束缚人的，而是让人体验和享受的。儿童在创造道德的同

① 田晓虹. 没有压力是不是就对了［N］. 文汇报，2005-11-03.
② 夏伟东，等. 德治新论［M］. 北京：研究出版社，2002.

时，体验道德的快乐，享受道德的自由。道德教育从儿童出发，从本质上说，就是从儿童创造和体验道德出发。

2. 儿童道德教育既要关注儿童的现实性，更要关注儿童的可能性。

可能性高于现实性，未成性高于既成性。长期以来，教育的目光总是停留在现实性上，褊狭在他此时此刻的表现、现时现在的水平上，教育评价也总是以现状来判断，至于他将会怎么样，会有什么可能，有多大可能，则很少去瞭望，更少去关注。关注儿童的现实是必要的，但关注现实不是目的，目的应是从“现实”开始新的出发。停留于现实，教育就会短视、急躁和功利，当然也就会平庸、肤浅、狭隘。关注儿童的可能性，教育的目光则会因此深邃、悠远和智慧。

关注儿童的可能性，首先要去发现儿童的可能性。托马斯在《不适应的少女》中说：“自然界用尽所有的心力，尽可能使我们的一群孩子秉性各异，自然界不遗余力地把无限的可能性隐藏在其中，没有人能够确立或预言这些可能性……”[①]这是一种什么样的发现？不应该用发现现成东西的方式。可能性不是现成的东西，用发现现成东西的方式永远发现不了儿童的种种可能性。

关注可能性，绝不能忽视现实性。关注现实性，实际上仍是在关注可能性。道德教育就是从现实与可能的不断转换中生成智慧、充溢魅力、获得成功。

3. 儿童道德教育要让儿童有最大的可能存在。

可能性既可存在，又可消失。可能性存在于哪里？怎么让儿童有最大的可能存在？首先，可能性存在于生命之中，只要生命存在，可能性就存在。因此，保护儿童的生命，尊重儿童的生命价值，就是保护和尊重儿童的可能性。道德教育必须让儿童生活在安全之中、健康之中、幸福之中，让生命焕发出活力。其次，可能性存在于时间之中，没有时间就没有可能性。让儿童有时间，有时间去探究，有时间去体验，有时间去反思，有时

---

① 王啸．教育人学——当代教育学的人学路向［M］．南京：江苏教育出版社，2003.

间去领悟，有时间去创造，其间可能性会喷涌而出。正因如此，教育需要等待，需要跟踪，等待和跟踪的过程就是可能性呈现和发展的过程。最后，可能性存在于自由之中，自由是可能性的保姆。自由意味着选择，有选择才可能有发展；自由意味着想象，想象给可能性以飞翔的翅膀；自由意味着创造，创造是对可能性的开发和优化。当然，自由也意味着自律。自由是在解放中获得的，解放又与规范相伴。赵汀阳说得好："任何一条规范，就其本身而言，都只是在某种约定的条件下必须遵守的，但却不值得给予尊重：如果它与做人的要求相背则本来就不值得尊重；如果它与做人的要求相符，那么实际上我们尊重的是人性的光辉而不是规范。可以说，规范的伦理价值永远是相对的，而人性的道德价值才是绝对的。"① 规范为解放而存在，唯此，儿童才可能有真正的自由，也才会有最大的可能性存在。

4. 引导儿童创造可能的生活。

生活前景是一种"可能生活"。道德教育的智慧在于让儿童学会生活，学会创造生活，学会创造可能的生活。道德教育要与生活相联系，但绝不是日常生活的复制，需要对生活加以辨别、选择和改造，需要超越生活。这样儿童才能有更高的追求。创造可能生活应是道德教育的一个重要目的。可能生活是一种理想但是可以实现的。这种可能生活由理想引导和支撑。因此，要给儿童以理想和希望，甚至让儿童有一点梦想和幻想，此时生活世界才有可能成为创造性活动的场所。鼓励儿童幻想和梦想，引导儿童有理想和有希望，实质上是引导儿童追求崇高与伟大，此时不可能的东西往往也是可能的。

当把不可能变成一种可能的时候，教育就有了伟大的魅力。道德教育的魅力正是来自儿童，来自对儿童可能性的发现、开发和发展。

① 赵汀阳．论可能的生活——一种关于幸福和公正的理论（修订版）[M]．北京：中国人民大学出版社，2004.

呵！那第二颗太阳的味道

——道德教育的道德、智慧与幸福的表情

“第二颗太阳的味道”是一则故事的题目。故事说的是，一家孤儿院里有 50 多个孤儿，其中一个孤儿有尿床的毛病。每天晚上睡觉的时候，他总是把身子缩进被窝，第二天起床时，又总是把被褥铺盖叠得严严实实，怕尿床的臭味散发出来。可是这一天缩进被窝的时候，他闻到了一种特别好闻的味道，却不知道这种味道是从哪里来的。这一晚，他睡得特别香甜。第二天起床的钟声刚刚敲响，老师就把大家叫醒：“孩子们赶快起床，今天的阳光特别灿烂，让我们一起把被褥晒到校园里去。”于是，那个尿床的小孩和大家“混”在一起，把尿过床的被褥晒在了校园里。这时他抬头望着天上的太阳，又看看老师，知道了昨天晚上那好闻的味道是从哪里来的。他找到老师说：“老师，我知道了……”老师打断了他的话：“孩子，你别说了，你并不知道，你闻到的味道是第二颗太阳的味道，因为我们每一个人心中还有第二颗太阳。”好多年以后，这座城市的郊外建起了一家私人诊所，诊所的名字，就叫“第二颗太阳”。

呵，那第二颗太阳的味道！

喜欢这个故事的人很多，有人还建议我用故事的题目（以下简称“太阳”）写一篇关于道德教育的文章。这是一个极好的主意，因为道德教育就应该是阳光，就应该让儿童闻到太阳的味道。当我们讲到道德教育时，就应叩问自己：你让学生闻到第二颗太阳的味道了吗？如果是的话，那么当你的学生谈论道德教育、谈论教育时，就会情不自禁地赞美道：呵，那第二颗太阳的味道！

是的，道德教育“应该是最有魅力的”①。“太阳”的故事透析着道德教育的意蕴，让我们深思，也让我们顿悟：道德教育原本是最生活的、最平实的、最自然的，因而是最有魅力的。

一、道德教育首先要有道德

道德教育当然应该是最讲道德、最有道德的。但是事实常常使当下的道德难堪：一些道德教育正在偏离道德，甚至背离道德，道德教育已不道德了。这种不道德的道德教育，概括起来是：道德教育应“指向人自身的存在，指向人的发展和完善”，却变异为“征服、占有世界的工具”；规范和规则应为人的解放和创造而存在，却异化为“用道德规范和规则去把人组装在科学理性主义的大机器上”；道德教育应与生活紧密相连，却“以普遍化、客体化的知识割断了与生活和实践的联系”。② 这种异化了的道德教育，无视人的存在，无视人的尊严，无视人的发展和创造，缺失了道德教育的本义，因而是不道德的。也许我们应该把道德教育表述为“道德”的道德教育，以警惕不道德的道德教育的侵袭与腐化，进而替我们所崇拜和追求的真正的道德教育正名。

“太阳”故事中的教师实施的是真正的道德教育。他自己似乎变成了那个尿床的“小孩”，因而十分清楚尿床后的心理状态：羞愧，怕被人知道。于是他背着大家，悄悄地晾晒尿过床的被褥，不让尿床的孤儿尴尬；让孤儿

① 鲁洁．道德教育的当代论域［M］．北京：人民出版社，2005.

② 鲁洁．边缘化　外在化　知识化——道德教育的现代综合症［J］．教育研究，2005（12）．

把尿过床的被褥和大家的混在一起，晒在校园里，不让他羞惭。总之，教师巧妙地让孤儿保持了一份自尊，让他在生活中体悟人与人之间的真情。其实，道德教育首先是保护人的，保护人性中最宝贵而又最脆弱的自尊心。因而道德教育的聚焦点应该是：让人尊严地生活。

让儿童有尊严地生活，是以人为本的理念在德育中的根本体现，是道德教育的宗旨和准则，其关键词有三。

一是“人”。把儿童当作人。儿童是道德教育的主体和本体，是道德的创造者、体验者、享用者。让儿童有尊严地生活，就是要尊重和呵护儿童作为人的基本属性、基本权利，调动和发挥儿童作为人的自主性、创造性。儿童只有在以自己为主体的、自觉参与的、创造性的德育实践活动中，才可能感受到人的尊严，体验到德育的魅力。当下德育中，儿童的“不在场”和“空场”，究其根源是忽视了儿童作为人的存在，因而滋生了以教育者代替受教育者甚至教育者挤压受教育者的现象。在这种道德教育中，儿童当然无人的尊严可言，这也当然是不道德的教育。但“太阳”故事中的老师没有因为孤儿常常尿床而鄙视、嫌弃他，相反让他怀着坦荡之心，迎着阳光去晾晒被子，因而不仅消除了尿床的所谓“不光彩”，而且使孩子感受到了人性的光彩。道德教育就应该让儿童沐浴在太阳的光辉之中，显现人的尊严的神圣感。

二是“尊重”。尊重是人性的起点，是道德的底线。无尊重可言，亦即无人性可言，无“以人为本”可言，无道德可言。若此，道德教育就会偏离人性的假设和教育的价值。“以人为本”绝不是虚无缥缈的，道德教育也绝不是虚高和空疏的，而是完全可以从尊重儿童做起。尊重儿童的本质是什么？深层次的尊重表现在尊重儿童的天性和应有的权利上。但是，对尊重的追求，还表现在对儿童的引导和教育上。“顺其自然”是一种尊重，“积极引导”是另一种尊重。“太阳”中的教师没有因要保护孤儿的自尊，让他把尿过床的被褥藏藏掖掖，而是让他勇敢地去迎接太阳的光芒，只有这样才会闻到太阳的味道。杜威说得好：如果放任儿童按照他自己的无指导的自发性去发展，那么从粗糙的东西发展出来的只能是粗糙的东西。从这个意义上说，不尊重儿童是不道德的，放任儿童也是不道德的。

三是“自由”。黑格尔说，精神的实体或“本质”就是自由；卢梭说，凡是真正的意志便不能不具有自由；海德格尔说，“唯自由……让一个世界世界化”[1]。顺着哲人们的言说，我要说的是，唯自由才让人体会到人的存在，获得人的尊严与价值。道德教育不仅让人遵守规范，而且让人超越规范去创造。尼采说，只有在创造中才有自由。而真正的道德领域，正如康德所说的，是自由的领域。好多年以后，当年那个尿床的孤儿在城郊建起了名为“第二颗太阳”的诊所，就是他在道德阳光照耀下的一种自由和创造。但是，“只要不是所有人都有自由，就没有一个人的自由”[2]，亦如对待尊重的态度一样，压抑儿童的自由天性是不道德的，放弃必要的纪律、规范，忽视和妨碍他人的自由也是不道德的。

道德教育的道德，往往来自教育者的道德。道德教育的下滑，不能完全归因于道德教育者，但是道德教育者的道德水准，在很大程度上影响着道德教育的道德水平。“太阳”中的教师是机敏的、艺术的，但他首先是有道德的。道德教育者的使命和价值就在于去创造和实施真正的道德教育。

二、追寻道德教育的智慧

“太阳”中的那位教师充满着智慧。他的教育智慧表现在他处理问题的方式上，悄悄地、巧妙地保护了孤儿的自尊，引导他正确地行动；表现在他的应答中，自然地、似乎不经意地把天上的太阳与心中的太阳联系起来，让孤儿从天上的太阳想到心中的太阳，从太阳想到善良、感激与爱。这样从身体感受到以心悟之，体验走向深处，感悟得到提升。教育的智慧让关注满溢在行动中，充盈在心灵里。故事告诉我们，智慧的道德教育乃至智慧的教育是最有魅力的。

① 转引自：王啸．教育人学——当代教育学的人学路向［M］．南京：江苏教育出版社，2003.
② 同上。

但是长期以来，道德教育对智慧的关注不够，研究不够，实践得更不够，甚至在我们的语境中很少见到“智慧”这个词。其实，我们的实践并不是没有智慧，正如沐浴在阳光中一样，我们也沐浴在智慧中，只是智慧为知识化的符号和技术工具所遮蔽了，被一些“没心没肝”的人驱赶了。[①] 道德教育应该执着地去追寻智慧，找回失落的“心”“肝”。

1. 支撑、引领与推动：道德与智慧相伴而行。

中国古代哲人认为，智慧紧密联系着或决定着最主要的美德——仁为代表的德，智与仁共同构筑成儒家的理想人格。在相伴而行的过程中，智慧推动着道德的发展。苏格拉底说：“一切别的事物都系于灵魂，而灵魂本身的东西，如果它们要成为善，就都系于智慧……”[②] 苏格拉底的门徒色诺芬还有这样的记载：智慧是最大的善。亚里士多德也认为，智慧就是对那些于人类有益或有害的事情采取行动的、真实的、伴随着理性的能力状态。哲人的论述告诉我们，道德与智慧紧密相连，它们相伴而行。智慧推动着道德的发展，成为道德发展的方式；道德在发展过程中获取了智慧，智慧成为道德的应有之义。我以为，这就是所谓的道德智慧。

同样，智慧需要道德的引领。如亚里士多德所言，智慧要对那些于人类有害的事情采取行动，即智慧是要讲善的，是为善的。有意思的是，“智”的文字构造，上为“知”，下为“日”。在青铜器的铭文中，“知”即“智”，后来“智”与“知”区分为两个字。“智”中的“日”，意味着智慧需要道德阳光的照耀。有意思的还有雅典城名的故事。传说当年雅典城本无名字，许多神想用自己的名字来命名。主神宙斯决定，谁能给人类一件有用的东西，就用谁的名字命名。海神波塞冬送的礼物是战马，而智慧女神雅典娜送的礼物是橄榄枝。雅典人接受了智慧女神的礼物，因为橄榄枝象征和平，而战马则意味着战争。虽然这只是个传说，但是这代表着人们的一种愿望。它告诉我们，在悠远的古代，智慧即追求和平、幸福，追求人类共同的美德和文

① 转引自：王啸．教育人学——当代教育学的人学路向［M］．南京：江苏教育出版社，2003.

② 张法琨．古希腊教育论著选［M］．北京：人民教育出版社，1994.

明。我们不得不承认，智慧与道德相伴而行，道德净化着智慧的内涵，把握着智慧的方向与原则。智慧的这种道德感、方向感正是与聪明、机敏、智商等最本质的区别。一旦远离了道德，智慧将失去灵魂，变得毫无价值。

2. 智慧与知识：道德教育中的关键性命题。

自古以来，“知识与智慧犹如一对孪生兄弟。它们既可以作为单独的概念而存在，又是一个共同体”，“常常处在矛盾的冲突与对立之中”[①]，构成了教育中的一个重要命题。解构智慧与知识的关系，建构智慧与知识的共同体，往往影响甚至决定着教育的品格，同样影响甚至决定着道德教育的效果。

智慧需要知识支撑，“智”与“知”是相通的。在任何时候，知识都是一种力量，都可以为智慧提供支持性力量。但是知识并不等同于智慧，尤其在教育中，二者有着本质的区别。一是获取的方式不同。知识是外在获取的，是可以传授和转让的，而智慧是个体内心生成的，不可传授不可转让。二是价值不同。杜威说：智慧与知识不同，智慧是应用已知的去明确地指导人生事物之能力。怀特海则进一步说：智慧是掌握知识的方式。三是追求的目标不同。知识追求认识的“多”，而智慧追求认识“多”中的“一”，此“一”是事物中起关键作用的素质。怀特海带有总结性地陈述了自己对教育中知识与智慧关系的理解与把握：“我非常希望你们铭记于心的是，虽然智力教育的一个主要目的是传授知识，但智力教育还有另一个要素，比较模糊却更加伟大，因此也具有更重要的意义：古人称之为‘智慧’。你不掌握某些基本知识就不可能聪明；但你可能很容易地获得知识却仍然没有智慧。”[②]

是的，在道德教育中我们同样要把这一思想铭记于心。“太阳”中的那位教师的智慧已成为一种处理问题的方式和能力。以往的道德教育，我们满足于知识的灌输、空洞的说教、概念的背诵，有时由于“知识”掌握得不好，道德教育又成了一种训斥。其间，道德智慧被知识挤压，被知识驱赶，

---

① 靖国平. 教育的智慧性格——兼论当代知识教育的变革［M］. 武汉：湖北教育出版社，2004.

② 同上。

以致消逝了。这样的道德教育效果可想而知。求解知识与智慧这一命题，我们最重要的努力是让学生完成“转识成智”的任务，即建立起道德知识与道德智慧的意义联系。我们既要关注道德知识，更要在道德知识学习的基础上让学生生长智慧，学会反思，学会选择，学会创造，成为有道德追求的人。

3. 培养健康的生活方式：道德教育智慧的崇高使命。

智慧是一个暂未确定的概念。在诸多哲人的讨论中，孔子用水作比，给智慧以解释：“知者乐水，仁者乐山。知者动，仁者静。知者乐，仁者寿。”在孔子的理念中，智慧虽是流动的、灵动的、灵空的，但是它又是具体的，已成为人们对事物的认识方式和实践方式，进而成为一种生活方式。智慧就在人的生活之中，就在人生的道路上，植根于安居大地上的人，植根于人们安居大地的诗意。正如前文所述，在“太阳”故事里，智慧已不是一种知识化的论述，而是一种言说和言说的方式，是一种生活的方式和能力。那位教师已在教育生活中践履着、体现着智慧，让我们真切地触摸到了智慧。道德教育不仅要让儿童“转识成智”，而且要让儿童深入生活，培养他们正确的生活态度和健康的生活方式。这既是一种道德教育的智慧，更是道德教育智慧的使命。

首先，引导儿童改变生活态度。“新课程认为：道德存在于生活，生活是道德存在的基本形态。或者说，道德就是人所选择的生活方式……道德的基本提问是‘人应当如何生活’的问题。”[①] 人应当如何生活？儿童应当如何生活？当下的儿童又怎么生活着？种种关于生活的提问，引导着道德教育的方向。儿童热爱生活，只有在丰富的生活中体验、探究和领悟，道德才可能创造，道德智慧才可能生长。其次，引导儿童改变自己的生活方式。生活方式是一个亟待研究的课题。值得注意的是，儿童的生活方式已发生了极大的变化，并经受着各种现代的时尚生活方式的挑战。值得思考并要提问的是：在迎接现代时尚生活方式的同时，如何理性地思考和选择？在改变生活方式的同时，又如何关注和培养健康的、高尚的生活情

① 鲁洁 . 道德教育的当代论域［M］. 北京：人民出版社，2005.

趣？进而要提问的是：在尊重接受多元文化的同时，如何建立起正确的价值观？如此等等的提问都在“生活方式”的命题下求解。让道德教育的智慧在“生活方式”这块待开垦的处女地里蓬勃生发，开出太阳花，让他人闻到太阳的味道。

三、培育道德教育幸福的表情

观赏美丽的日出无疑是兴奋的，闻到太阳的味道无疑是快乐的。道德教育应该是美丽的日出，应该散发出和煦的阳光和温馨的味道；道德教育播撒的应该是幸福的种子。赵汀阳十分坚定地认为，“幸福和命运是哲学的两个最根本的问题……今天世界最大的危机就是人类命运的危机和人的幸福的危机。现代社会……之所以失去幸福，是因为没有人打算给予别人幸福，也就没有得到幸福，每个人都欠着别人的幸福”。接着他又论述道：“讨论幸福问题就几乎必然地走向德性伦理学……德性伦理学则关心的是行动本身的理由，而不管行动的利益结果是什么，这个行动本身的理由当然就是幸福和好。”[①] 是的，现代伦理学应该从规范伦理学走向德性伦理学，引导人们走向幸福。道德教育当然应该是引导儿童获得幸福的教育。

其实，道德教育是有自己的表情的。这种表情凝聚在对“幸福”的理解中。和智慧一样，幸福的概念既清晰又模糊，既具体又抽象。大概因为它过于美丽，于是人们喜欢滥用这一概念。不过，有一点是肯定的，即幸福是过一种有意义的生活。道德教育的幸福表情又凝聚在“有意义的生活”中。

我们可以对“有意义的生活”作如下解读。

一是快乐。应该说没有快乐便没有童年，没有快乐便没有积极向上的人生。道德教育要让儿童快乐起来，在道德活动和道德生活中获得乐趣。长期以来，我们的道德教育过于枯燥、沉闷，因而儿童显得疲惫、烦躁，儿

---

① 赵汀阳．论可能生活——一种关于幸福和公正的理论［M］．北京：中国人民大学出版社，2004.

童失去了应有的天性，道德教育失去了应有的魅力。但是，“快乐是消费性的……快乐终究不能满足生活的意图……与快乐相比，每一种幸福都是非消费性的，它会以纯粹意义的方式被保存积累，会永远成为一个人生活世界中抹不掉的一层意义”[1]。因此，道德教育不能满足于快乐，而要在让儿童快乐的同时，去寻求幸福的另一种意义。

二是创造。人在目的论意义上的本质是有创造性，因而有意义的生活也就必须是创造性的，真正的幸福来自创造性的生活。道德教育要让儿童获得创造感。创造感往往表现在好奇心、想象力上，而好奇心、想象力的觉醒只在一刹那间，需要敏锐地发现、抓住、保留，并且保护、发展它。创造感还与自由联系在一起，而自由是在解放中获得的。说到底，让儿童创造性地生活，就是要解放儿童。当然，解放儿童并不是排斥对儿童的规范，只是规范存在的前提是儿童的解放。

三是行动。幸福具有一种“亲身性”，即幸福必须身体力行，是在做事情中“做”出来的，除了自己亲身、亲手去做出幸福，不可能有别的替代方法。道德教育不能满足于坐而论道，而要引导儿童去身体力行，在行动中体验。而在幸福行动中有三点值得注意。第一，如何对待利益。利益总是与工具性联系在一起，利益的典型表现形式是物欲、财富和权力。因此，道德教育要永远把幸福放在生活的目的上，而不是利益上。值得注意的是，道德教育常常用具体的利益去引导学生——无论是个体的还是集体的，无论是有意的还是无意的——其结果不是引向积极和崇高，而是引向其反面。第二，如何对待艰苦。幸福常常“通过对立面获得了自身的定义”[2]。幸福感是在与艰苦、刻苦，甚至痛苦的“对立”中获得的。有一首小诗说得好：“让他做事，让他在做事中明白责任；让他受苦，让他在受苦中懂得珍惜；让他失败，让他在失败中获得对失败的免疫；让他流泪，让他在流泪中体会泪水铸造的坚强；甚至可以让他受伤，让他学会体悟舔舐着伤口匍匐前行的伟大与悲

① 赵汀阳．论可能生活——一种关于幸福和公正的理论［M］．北京：中国人民大学出版社，2004.

②［德］鲍吾刚．中国人的幸福观［M］．严蓓雯，等，译．南京：江苏人民出版社，2004.

壮……”第三，如何对待个人的幸福与集体的幸福。人不是只为自己而活着的，在精神价值逐渐淡化的今天，更要提倡为别人、为集体、为民族、为祖国、为人类。依着黑格尔关于自由的论述，我们不妨说，没有集体的幸福、国家的幸福，则很难有真正的个人的幸福。道德教育要唤醒淡漠的心灵，学会对感谢的记忆，学会对别人的感激，学会对祖国的感恩。

有意义的生活，既是现实的，又是理想的。道德教育引导学生面对着现实的意义生活，去适应和提炼，还要关注理想的可能生活，这种可能生活需要超越和创造。就在适应、提炼、超越、创造中，幸福的表情越来越丰富，越来越鲜明。

最后，我又一次想到了那个“第二颗太阳的味道”的故事。它让我们领悟到道德教育的许多深层次问题，也让我们领悟到道德教育的研究方式，还让我们领悟到道德教育的表达方式，这实在是一个好故事。

呵，那第二颗太阳的味道！

故事：唤醒儿童的道德生命

故事和教育有着天然的联系。儿童喜欢故事，他们是听着故事长大的。故事更与儿童的道德生命成长紧紧联系，互相融通。儿童总是从故事中汲取道德的滋养，故事中的美德常常影响着儿童的道德认知和道德行为，唤醒着儿童的道德生命。过去是这样，现在亦是如此。不过，在新的条件下，如何更深刻地认知故事之于道德教育的价值，如何更有效地、更有魅力地使故事进入儿童的道德生活，却是需要深入研究与讨论的。

一、故事之于儿童，道德生命成长的深刻意蕴

故事之于道德教育有其独特的优势和深刻的意蕴，表现出特有的魅力，因为从价值判断上来看，故事可以唤醒儿童的道德生命。

故事的深刻意蕴之一：让儿童获得一种身份，确立起道德成长的责任意识。爱尔兰的哲学教授理查德·卡尼在他的著作《故事离真实有多远》中，一开头就指出，讲故事对人来说就像吃东西一样，是不可或缺的。事实上，饮食可使我们维生，而故事可使我们不枉此生，因为“众多的故事使我们具

备了人的身份”[①]。故事是在人类社会中才会发生的文化现象，讲故事是人特有的文化行为，是故事让我们认识了人类，认识了世界，也认识了自己。这种认识是一种价值判断。20世纪的思想家汉娜·阿伦特认为：“特定的人类生命，其主要特点……就是它充满着最终可以当作故事来讲的事件……”故事关乎着人类生命，人类特定的生命就是精彩的故事。对于儿童来说更是如此。故事往往把儿童带到一个遥远却又近在咫尺的世界，从故事中他认识了各种各样的人，也许故事中他所喜欢的“那个人”就是“我自己”。这种自然的比照，让儿童逐步认识到自己应该是谁，应该为这个世界做些什么。对身份的寻找和认同，使儿童逐步形成了对道德追求的责任感以及光荣感。显然，这种身份的确认具有丰富的道德意义，无形中形成儿童道德生命成长的力量。同时，我们不妨这么去认识：儿童的道德生活具有生动的故事性，抑或说他们的道德生活本身就是一种叙事生活。正是在故事的阅读、讲述、倾听中，儿童提升了自己在家庭生活、学校生活和公共生活中对身份、对道德责任的认识。

故事的深刻意蕴之二：将儿童的时间人格化，让儿童在快乐的道德生活中塑造自己的人格。故事总发生在过去。老外婆总是这么起头去讲她那古老的故事：在很久以前……一下子，儿童跟着老外婆的讲述来到了久远的历史上的某一天。所以虽然时间已过去很久，但一旦回想起它，它就会带着故事中诸多人物历史的体温，悄悄地来到儿童的现实生活中，来到儿童的身旁。故事在“时间”中将人凝练，人格在故事的进行中清晰起来、丰富起来。是故事赋予“时间”以人格意义：“叙事故事就是将时间从零碎的时刻与一个个无关的消逝向一种模式、情节、神话转变，从而将时间人格化。”[②]不难理解，儿童在阅读、讲述、倾听故事中，将过去的时间拉近，将自己融入故事，和故事中的人感同身受，同喜同悲，一起经历与感悟。更为重要的是，儿童也在“时间”中创造着自己的生活。日复一日，年复一年，他们用时间

①［爱尔兰］理查德·卡尼．故事离真实有多远［M］．王广州，译．桂林：广西师范大学出版社，2007.
② 同上。

书写着自己的道德经历与感受，用时间表达着自己的道德诉求与期盼，用时间演绎着生命中的遭遇与解决问题的智慧。可以说，儿童怎么对待时间，就是怎么对待生活；有什么样的生活，就有什么样的故事；有什么样的故事，就会有什么样的人格养成。今天，我们让儿童去阅读故事、讲述故事、倾听故事，正是引导他们用故事中所提供的模式，为自己铺设快乐、幸福的生活之路。时间就是这样，让故事、生活、人格形成链条；故事就是这样，让时间具有了人格意义——时间与故事就是这样，引领着儿童的道德生活。

故事的深刻意蕴之三：故事是一个可以分享的世界，儿童在分享的世界中获得了向上向善的道德力量。故事具有“公共性”，意即故事是让大家阅读和评说的，而且类似事件的积累会转变成社会的共性，具有普遍的社会意义。所以，故事是一个开放的世界，这个世界面向所有人，所有人都可以进入这个世界。因而，故事是一个可以分享的世界，阅读故事、讲述故事、倾听故事就是分享这个世界所提供的知识和经验。儿童总是不自觉地和自己的经历、体验联系起来；即使儿童从未经历过、体验过，故事也总会激起他们的兴趣和想象，于是无形中又与故事中的人走到一起来，在想象和现实的联系中，故事似乎成为自己的故事。其实，这是儿童认识世界、认识自己的一种方式。意大利瑞吉欧小镇幼儿园创始人马拉古奇创作了一首诗《其实有一百》，第一部分就说：儿童 / 是由一百组成的 / 儿童有 / 一百种语言 / 一百双手 / 一百个念头 / 一百种思考、游戏、说话的方式 /…… / 一百个世界，去探索去发现 / 一百个世界，去发明 / 一百个世界，去梦想。当儿童打开一本故事书的时候，当儿童托起腮帮、睁大眼睛准备倾听故事的时候，他是在准备进入这个由一百组成的世界，期盼在这个丰富的世界里发现真、善、美，创造人类快乐、幸福地学习、工作和生活的方式，而且去梦想五彩绚烂的未来的可能的生活。正是在这个可以分享的世界里，儿童把故事中所蕴含的道德意义逐步内化为自己的道德认识，丰富着自己的道德情感，影响着自己的道德实践。而这一切都是静悄悄的，都是无痕、无音、无形的。阅读、讲述、倾听故事，对儿童来说，充满着诗意和魅力，是一个多么令人陶醉的道德生命成长过程啊!

二、故事之于儿童道德生命成长的特质

故事之于儿童道德生命成长之所以有这么丰富而深刻的意蕴，是与故事所具有的道德教育特质分不开的。这许多的优势和资源凝练成并呈现出一种特质，那就是：故事是对儿童道德成长的一种积极的暗示。

所谓暗示，是采取某些隐含的手段和措施，对人的心理状态施加影响的过程。故事，正是巧妙地把教育意图隐藏起来，很艺术地把教育要求暗含在故事的情节和人物的言行中。故事的这种暗示具有积极的意义，成为一种唤醒力量，使儿童的心理状态发生积极变化，心理潜能得到有效开发。

一是故事具有鲜明的文学性。故事的文学性，不仅让儿童喜欢故事，更让儿童得到解放。《哈利·波特》小说之所以能吸引世界儿童的眼球，是因为作者具有儿童文学解放儿童的理念。J·K·罗琳说：儿童文学不是一本教科书，不是叫儿童把脸转过来，在他脸上打一记耳光，让他牢牢记住教训，而是让儿童摆脱成人世界对他的束缚，到他应该去的地方去。儿童文学应是解放儿童的文学，作为儿童文学样式的故事，当然也应是解开捆在儿童身上绳索的一种力量。解开绳索，解放儿童，已不仅仅是一般意义的暗示，而是对儿童心灵的唤醒。正是在心灵被唤醒、被解放的过程中，儿童敞开自己的胸怀，认同并接纳故事的暗示，建立起道德的审美意义。

二是与文学性联系在一起的，是故事的亲和力。不可回避的是，故事总有教育性，故事的教育意义不显山不露水，相反显现的是一种亲和力。这种亲和力让儿童产生亲切感，从而去亲近它，进而信任它。因此，读故事、听故事，就是和同龄的小伙伴谈心、交流，即使是故事中的成人，在儿童心目中，也会把他们当作可以交谈的大朋友。当代儿童需要的是成人对他们的尊重、信任，需要的是倾心的交谈、平等的讨论，而非一本正经的教育，更非严厉的训诫。故事的亲和力营造了和谐、宽松的环境，让儿童快乐地走进故事世界，去经历人生初始的一次又一次美丽的相遇，逐步感受社会的要求、

教育的期盼以及自己的道德成长。

三是故事的趣味性。故事应当是“好玩的”，是有意思的。对于儿童来说，有意思比有意义更重要。古罗马哲学家爱比克泰德说：阅读能让我们快乐平静地生活。英国哲学家斯宾塞说：孩子在快乐的状态下学习是最有效的，牢牢抓住这把钥匙，就能开启儿童一生幸福的大门。儿童有许多美好的心愿。据调查，上海儿童的第一心愿是快乐学习。何止是上海儿童？我们反对娱乐化的低俗和娱乐的唯一存在，也警惕“娱乐至死”的可能，但从不反对故事的趣味性，生动、活泼、有趣的故事吸引儿童，而教育的意义、道德的要求就在趣味之中。我们常常欣喜地发现，就是在儿童的笑声中，道德的绿芽开始萌发。故事的教育暗示插上了快乐的翅膀，飞进了儿童的生活世界。

故事的这一积极暗示是一种轻轻的点击，是一种悄悄的点化，是真诚的建议，是一种没有任何承受之重的启发。这种暗示可以转化为儿童成长的力量，这种力量温和而又强大，不需言明而又十分清晰。正是这样的力量，往往使儿童的心灵在刹那间震撼，在刹那间醒悟，在这种激情或是冲动的推动下，开始了道德想象和道德实践。

故事道德教育的特性和魅力有两大重要支撑，即两个“基于”：一是基于故事与儿童生活的契合。故事植根于生活，儿童故事更是植根于儿童生活，故事中的人仿佛是他们的伙伴或是他们所熟悉、所喜欢的人，故事中的事仿佛就发生在他们身边，甚或就是他们自己所亲身经历的。故事是“他人”的，但儿童认为是自己的，是现实的。故事不仅观照着儿童的现实生活，而且引领着儿童未来的生活。故事往往是对儿童未来的生活、未来的世界发出的一种信号，充满着未来对他们的期盼，因而他们对未来有无限的憧憬和追求。显而易见，故事的暗示性对儿童的道德成长具有重要价值，因为价值就是理想中的事实。二是基于儿童的可能性。儿童就是一种可能性，“面对着儿童，就是面对着可能性”[①]。所谓可能性，既是“还没有”，还没有

①［加］马克斯·范梅南．教学机智——教育智慧的意蕴［M］．李树英，译．北京：教育科学出版社，2001.

成熟，还没有确定，还没有完成，又是“将会是”“将要是”。正是这种未确定性、未完成性，才使儿童充满着无限创造的潜能。儿童的希望更在未来，在于未来他们将是一种什么样的状态，将会有一种什么样的道德水准。故事之所以发生暗示，是故事中的道德现象、道德问题、道德追问，与儿童的道德生成的巨大可能性相契合，激发他们道德成长的愿望，激起他们对美德的追求，解开他们道德的困惑，进而转化为道德情境中的选择。如果儿童的心灵世界中没有这种发展的可能性，故事的暗示特质将会失去根基。

三、故事之于儿童道德生命成长的实现方式

故事充溢着对真、善、美的赞美和歌颂，饱含着人类对儿童的期待，可以说，美德就在故事中。但是故事中的美德不可能直接进入儿童的心灵，这需要过程，即在一定方式的推动下经历转化的过程，逐步内化为儿童的道德认知，外化为道德行为。方式就如渡船，让儿童完成一次具有道德意义的摆渡。智慧的方式就有可能使儿童拥有一个故事，好比是获取了一道“美德护身符”。

其实，智慧需要与道德同行，或曰没有道德的机智、聪明，是不能称为智慧的；道德是智慧的题中应有之义，甚或是智慧的内核。所以，作为一种实现道德意义转化的智慧的方式本身，就应是道德的方式。当然，智慧还具有其他一些特征。运用故事进行道德教育的方式，无非阅读、讲述、倾听、讨论以及表演、实践等。问题是，在运用这些方式时是需要智慧的，因此重要的是，要透过这些方式寻找智慧的因子。智慧的方式，说到底，就是让故事里的生活与儿童的现实生活相联系、相融通，让故事里表达的情感与儿童的心灵发生共鸣，让故事里的儿童与现实中的儿童走到一起，让现实中的儿童与故事里的儿童有一次次美丽的相遇、一次次倾心的交谈。这种基于儿童生活和儿童心灵理解的方式，才是智慧的，因而是有魅力的。

比如，无论是讲述、倾听，还是阅读、思考，都是将故事文本里的人与

事“移植”到儿童自己生活的时空之中。首先，这种“移植”是一种比照，是生活情境的比照。因为比照，儿童就会自然地进行比较，在比较中发现道德差距，进而去追求故事中所表现和阐释的美德。其次，这种“移植”是一种想象。生动的故事在生动的讲述与静心的倾听中，会让儿童就故事中的生活展开联想，想象自己的未来，构筑理想生活的图景，开始酝酿一种新的生活。最后，在发生“移植”前，儿童要做一番道德价值的判断与选择。这一判断、选择的过程，是儿童情感与理性相交融的过程，是心理、心灵的一种“移植”。

比如，让儿童阅读、讲述、倾听，还有表演。儿童表演，是饰演故事中的某一个角色，这种角色的互换让儿童亲身去体验和感悟，真切地理解和领会。故事表演，将儿童与故事中的人与事融为一体，是一种深度的对话，已超越了故事文本的移植；是一种道德践行，但已超越了一般意义上的道德行动。当然，我们并不赞成所有的故事都让儿童表演，也不赞成故事表演的匆忙与仓促。儿童道德生命的成长，关键是儿童整体人格的形成，而整体人格的形成来自儿童内心的价值积累。正如日本金井肇博士所坚持的那样：坚决反对每开展一个道德项目教育之后就匆忙谋求道德价值的实践化。显然，在没有很好理解和丰富积淀的情况下的故事表演是低效的，甚至是无效的。

比如，讨论。我们不能满足于故事的阅读、讲述和倾听，讨论是促进故事中道德意义内化的重要方式和环节。好的讨论具有以下一些功能：一是分享。通过讨论，故事成为一个可供分享的世界，而且讨论过程也成为一个分享、交流的过程。二是启发。每个人对故事的理解都有自己的视点，而这些视点无不具有个人领悟的独特之处。正是在讨论中，某个人开启了一个新的视角，让大家看到了故事中不同的美丽侧面。三是矫正。讨论中出现了不同的意见是正常的，出现不正确的想法和看法也是很正常的，但是让不正确的意见影响儿童的道德价值却是不行的。正是讨论，可以互相补充和修正，在价值意义的澄清中提高儿童的道德认识。

故事是人类对儿童的一种馈赠，寄托着社会和时代对儿童无限的期待。

从另一个角度看，每个人的一生都在寻找自己的故事；再往深处看，每个人都在用自己的生活创造故事。儿童更是这样。儿童是缪斯性的存在，具有无限的创造性，具有在生活中创造故事的可能性。故事之于儿童道德生命成长的深刻意义在于，用故事引领儿童对真、善、美的追求，在于在对真、善、美的追求中开启自己道德生活的新世界，用自己的生活创造属于自己的、具有道德生命的最好故事。因此，故事对儿童具有特殊的魅力——唤醒儿童的道德生命。

儿童：道德的创造者

我们每天都在对学生进行道德教育，在这日复一日的道德教育中，我们陷入困惑，而这些困惑一积累，又让我们陷入苦恼。用时尚的话来说，我们常常感到道德教育的“寂寞”。

诸多问题的背后，一个深层次的问题是：儿童能不能创造道德？

有这样一个故事。一位在民工子弟小学教数学的老师，考试时给学生出了这样一道题：假如你家里有 5 口人，买来 10 个苹果，每个人能分到几个苹果？试卷交上来后，他才发现“10”误写成了“1”，于是问题变成了 1 个苹果分给 5 个人，每人能分到几个？学生对此问题的答案不一，但一个女孩的答案令他刻骨铭心：每个人都能分到 1 个。原因是，假如爷爷买来 1 个苹果，那他一定不会吃，因为他知道生病的奶奶很需要，他会留给奶奶；奶奶一定舍不得吃，她一定会把它送给最疼爱的小孙女——我；我也不会吃，我要把它送给在街上卖报的妈妈，口渴的妈妈一定很需要这个苹果；妈妈呢，她更不会吃，她一定会送给爸爸，因为爸爸每天在工地上干活，很苦很累，却从来没吃过苹果。所以，我们家每个人都会分到这个苹果。

我含泪读完了这个故事，小女孩给了我心灵的感动，也给了我思想的启示。她创造了分苹果的新规则，表达了她对分配的新理解，其中充满了人与人之间的道德关怀。因此可以说，这个小女孩创造了最好的道德教育。道德不是一种神谕，也不只是先人留给我们的经验，道德是人为的；道德不是在书本上的，也不只是停留在口头上，它以最生动的方式活在儿童的生活体验中。因此，人不仅是道德的体验者、享受者，而且是道德的创造者。尽管在道德教育之始，道德总是他律的，但它一定是人创造的；当道德教育走向自律时，道德更是来自人自己的创造。我们不难作出这样的判断：最好的道德教育，应当是人自己在道德实践中的创造。

现在的问题是：儿童是不是道德的创造者？不可否认，长期以来，儿童只是道德的接受者，准确地说，儿童只是道德的被灌输者。最堂而皇之的理由便是：儿童只是孩子，他们没有创造道德的欲望，更没有创造道德的能力。女孩分苹果无情地击垮了这一顽固的旧观念。看来，我们不仅要重新认识和发现道德教育，也要重新认识和发现儿童，进一步说，只有正确地认识和发现儿童，才有可能寻觅和把握道德教育的真谛，解开道德教育的密码。

儿童就是一种可能性。儿童正是在自己的生活中，生成了自己的道德智慧，产生了道德规则，诞生了最好的道德行为，于是进入了自主的道德教育境界。当然，这并不否认教师在儿童道德教育中的重要作用。其实，我们应该这么想：教师道德教育的最高使命，在于促使儿童自己去创造道德，让儿童成为道德的创造者——这样的儿童才能创造新世界。

第二辑

德育课程的追问

立德树人是我们国家的育人模式，要落实在课程模式和教学模式上。这样的育人模式具有中国特色、中国品格，显现了中国教育的气派。

以立德树人统领教学改革

有几句话一直在我心头萦绕。第一句话是苏霍姆林斯基对一位物理教师说的："你不是教物理的，你是教人学物理的。"他的意思绝不是贬低更不是排斥学科，否定教学，而是强调所有的学科教学都是为了育人。第二句话是我国台湾地区的同行说的："不要给学生背不动的东西，要给学生带得走的东西。"能带得走的东西一定不是知识，而是能力、智慧，是学生发展核心素养。第三句话是叶圣陶先生说的："所有的课都是政治课，都是语文课。"他强调的是学科教学的思想品德教育和语言文学素养的重要性。

由此，我想到立德树人。教育牢牢指向人的发展，这就超越了知识，更超越了分数，甚至超越了能力。育人、树人是教学改革的根本目的，所有学科的教学改革都要以育人、树人为核心。如何育人、树人？通过立德树人来展开，并逐步达成目的。国无德不兴，人无德不立，教育无德呢？教学无德呢？毫无疑问，无德的教育就不是真正的教育，无德也违背了教学的基本规定性——教学一定具有教育性。立德树人是我们国家的育人模式，要落实在课程模式和教学模式上。这样的育人模式具有中国特色、中国品格，显现了中国教育的气派。

立德树人是教学改革的根本任务，也是教学改革的根本方向，这是毋庸置疑的。教学改革就是要将立德树人贯穿于教学的全过程，并以立德树人来评价教学和教学改革。这绝不意味着教学只要立德、只有立德，而没有知识、没有技能。恰恰相反，立德树人更加重视知识，不过它重视的是以知识、技能为中介、载体，从知识中生长起良好的思想品德，生长起智慧；重视以思想品德来观照知识、技能，让知识的学习、技能的训练有魂有根，把知识转化为智慧，让技能体现道德意义。

这里涉及道德的重要价值。首先，道德之于幸福。幸福是教育的核心目的（内尔·诺丁斯语），但幸福绝不是金钱、财富，用亚里士多德的话来说，幸福是完美生活中德性的实现。在教学中立德，会让学生获得幸福感。道德导引幸福，导引学生以道德的方式去认识幸福、追求幸福。由此可判断：幸福课堂首先是道德课堂。其次，道德之于智慧。我们追求智慧教育，智慧教育的特征很多，但最为重要的是道德。无道德的聪明只是聪明而已，只有当聪明与道德牵手，相伴而行，才可能成为智慧。智慧教师首先是道德教师，智慧学生首先是道德学生。再次，道德之于法律。孟德斯鸠讲得好：法律是最基本的道德，道德则是最高的法律。进行法治教育，从某种意义上来说，就是进行深度的、高境界的道德教育。教学过程中民主、平等的师生关系，正是道德与法治教育的相辅相成。最后，道德之于人的全面发展。苏霍姆林斯基说得非常诗意，又相当深刻：道德是照亮人全面发展的光源。当道德之光照亮学生发展旅途时，学生就会获得崇高的意义和永不衰竭的发展动力。而这一暖意之光会源源不断地诞生。

以立德树人来统领教学改革，首要的任务是培育和践行社会主义核心价值观。核心价值观就是德，既是个人之小德，又是社会、国家之大德；价值是理想中的事实（南京师大鲁洁教授语），是理想对现实的光照和召唤。因此，培育、践行核心价值观教育就是进行道德教育、理想教育，寻找教学中的“最大公约数”，帮助学生“扣好人生的第一粒扣子”。与此同时，立德树人还要加强中华优秀传统文化教育和爱学习、爱劳动、爱祖国的教育。

所有这一切，重要的是教育的方式。道德教育必须以道德的方式、文化的方式来进行，那就是对学生发展规律的尊重，对教育规律的遵循，以自然、融入的方式，设计和展开教学过程。是的，我们所有教师的教学，真的是“教人”的。

德育可以高效吗？

近年来，一些热词正在渐渐冷下去，比如高效。冷下去，并不意味着对高效的否定，无论是管理还是教学，确实要追求高效。情境教育的创立者李吉林老师就以"高效"为关键词写过论文——《学习科学与儿童情境学习——快乐、高效课堂的教学设计》。但是热词的冷却，在很大程度上意味着大家的反思，意味着理性的复萌与成熟。

有朋友给我发信息，希望我为某一学校的课题写点评述的文字，课题的名称是"高效德育"。我几乎没有思考，给他的回复是：什么是"高效德育"？德育能高效吗？显然，我是不赞同"高效德育"这一概念的，我认为德育是不能高效的，所谓的"高效德育"恰恰不是真正的德育。

讨论德育，不能不讨论教育，因为从本质意义上说，"德育即道德教育"。而所谓教育，通常是指一个人或一群人以道德上可以接受的方式善意地去对另一个人或一群人施加积极的心理影响。请注意，这一定义中的"以道德上可以接受的方式""善意"。所谓道德上可以接受的方式，是尊重人的方式，是遵循人的身心发展规律包括认知规律的方式。众所周知，人的心理成熟，身体健康成长，是一个渐进、渐变的过程，是一个浸润、濡化、熏陶的过程，既不能迟缓，也不能超前，否则就违背了发展规律，就不是“善意”的，不是真正的教育。严格来说，教育是一个“慢效”“迟效”的过程，大概百年树人就是这个意思。既然如此，德育是否可以慢一点呢？韩国儿童心理科医生写的那本书《好妈妈慢慢来》，启发我们的是：好教育慢慢来，好德育也要慢慢来。

在促进个人道德完善的教育上，存在两种不同的古老观念。一是消极被动的德育观，二是积极主动的德育观。所谓积极主动的德育观，强调的是有必要义无反顾地对学生进行强有力的道德教育。当然，用当下积极心理学的观点来看，古老的积极教育观应当加以改造和优化，其主旨应当是以积极的心态和方式去肯定并发掘学生的积极的心理能量。但千万别误解消极被动的德育观。消极被动的德育观认为，道德教育需要等待时机，只有当个体在道德实践中遇到道德问题，有接受道德指导的需要时，才对他进行道德指导。显然，这是消极的、被动的。但消极德育也有积极意义，那就是德育要学会等待，学会捕捉德育的时机，反对“过度”德育。“高效德育”很有可能导引到“过度”德育上去。少一点浮躁，少一点浮华，少一点功利，多一点耐心，多一点等待，多一点智慧，建构完整的德育观和科学的德育方式，德育才会真正有效。而一次又一次的有效，才可能会有所谓的“高效”——如果这也可以称为“高效”的话。

我一直在关注美国教育哲学协会主席内尔·诺丁斯的关怀理论。她认为，关怀是人类生活中的一个基本要素，不只是一种美德，而且是一种令人向往的关系属性。我想，当今中小学生的道德成长需要更多的道德关怀，而不是所谓的“高效”。

德育课程的追问

课程是德育的重要载体与实施途径，德育必须落实在课程中，这是一个老话题，但是这一话题如今有了新的内涵和价值。因为时代要求努力构造适应21世纪发展需要的中小学德育课程体系，而新一轮课程改革正在为这一体系的构建作有益的探索和试验。新的德育课程投射在德育课程体系的构建上，聚焦于德育的有效性，正显示着课程的德育张力，也引起了我们诸多的追问。

追问之一：德育课程的地位

新课程中的小学品德与生活、品德与社会和初中的思想品德无疑是一种课程形态，是中小学生必修的学科，但是这一课程又是超越学科的。其一，从德育在学生全面发展中的作用看，德育不仅要渗透在智育、体育和美育中，而且引领着其他各育的方向，思想道德素质、心理素质又影响着甚至决定着人的素质水平。其二，从德育的源泉看，德育最丰富的养分在生活中，也在各科教学中。而且，各科在围绕知识与技能、过程与方法教学的同时，努力让学生在态度、情感与价值观上发生积极变化，在引导学生学会做人这一核心问题上发挥着作用。其实，德育不能简单地归结为一种学科，德育的成功也不能归因于某一学科。它是全方位的、弥散的，因而德育课程既是学科的，又是超越学科的，甚至是超越课程的。当然，强化德育课程的超学科性，是言其在课程体系中的支撑作用和导向作用，绝不意味着它处于领导和支配的地位，也绝不意味着它是虚空和飘荡的。这一重要理念引导着我们的课程行为：不能把德育课程当作一般的课程来对待，所有教师都要关注德育课程建设，所有课程都要从自身的特点出发，义不容辞地担负起德育的任务。我们应确立起德育课程自觉。值得注意的是，当前有些学校，德育课程不仅没有站到应有的位置，而且被轻慢、被挤压，甚至被丢弃而遗忘。因此，追问德育课程的地位说到底是追问校长和教师对德育及其课程的认识和态度。

追问之二：新德育课程的性质

在课程标准中，品德与生活、品德与社会被界定为综合课程，思想品德被界定为“一门综合性的必修课程”。这里的综合主要是指思想品德与生活的综合。综合，是课程改革的重要特点与基本走向；综合，拓宽了德育课程的视野，提升着德育理念：在德育中生活是第一性的，生活应当是德育的主语。尼采说：“应该是生活统治知识，还是知识统治生活？这两者哪一个更重要，哪一个是决定性的统治力量？不容置疑，生活更高，生活是统治力量……因此，就像每个生物都要维持自己的生存一样，知识对于维持生活也有同样的兴趣。”思想品德与生活的综合，其深刻内涵是：儿童的品德与社会性源于他们对生活的认识、体验和感悟，课程要以儿童的现实生活为课程内容的主要源泉；课程的逻辑起点是儿童的生活，要从儿童出发，从儿童的生活出发，而不是从知识出发；课程要以密切联系儿童生活的主题活动和其他实践活动为载体；要引导儿童以主动学习的方式展开课程，让他们用自己的眼睛观察生活，用自己的心灵感受生活，用自己的方式研究生活；要引导儿童过有意义的生活，在生活中发展，在发展中生活。实践证明，德育为生活而存在而展开，把生活当作德育的源泉与养料才会生动、活泼和有效。新的课程正在改变着我国中小学德育的面貌，焕发着生命的活力和德育应有的魅力。但是综合的核心是教会学生学会做人，综合是为了从多方面加强德育，绝不能以综合遮盖德育，甚至湮没德育。所以，《品德与生活》《品德与社会》是以德育为主的综合课程。对新课程性质的追问，其主旨是为了凸显德育在综合课程中的主体地位。

追问之三：独特体验中的价值引导

与以往的德育课程和教材相比，新的德育课程和教材从根本上变革了内容的呈现方式、教师的教学方式以及学生的学习方式。教材一改以往说教、告诫、灌输的方式，代之以观察、思考、讨论、争辩、对话、阅读、实践、探究、体验、感悟等，德育的痕迹淡化了，而效果却增强了。这种呈现方式和教学方式，导引着学生品德形成的过程和社会性发展的过程。德育的知识、能力、情感活跃在过程中，活跃在学生的探究和体验中。无疑这个过程本身就极有价值，这就是课程的价值、德育的价值。但是，德育的开放、多元的探究、独特的体验并不排斥教师的引导，尤其是正确价值观的引导，并不排斥对一些问题共同认识的分享。美国在 20 世纪 80 年代曾推崇“价值澄清论”。所谓价值澄清，旨在讲清、摆明对某一问题的各种价值观，引导学生独自去探究和选择。但是，教师的责任只是“澄清”和澄明吗？如果在学生探究和选择的过程中，教师缺席或者袖手旁观，学生难免陷入负面的价值旋涡中，负面价值的选择久而久之就可能累积成错误的观点。“价值澄清论”的弊端也是显而易见的。美国学术界已反思了这一理论，并改进着行动。课程标准指出，在生活中展开德育，不是生活的复制和翻版，而应是对生活的改造和提炼，要加强对学生正确价值观的引导。学习的开放和多元选择，应视具体的问题和情境以及文本的主旨与语境而定，应有一定的界域和限度。不求答案的唯一，并不意味放弃道德标准，独特的个性体验也不是放任自流，不是什么都是对的，什么都是好的。关于独特体验中价值引导的追问，旨在让教师担负起应有的引导责任，在多元、独特中寻求一种平衡，确立正确的价值观。

追问之四：德育中的知识教育

德育要超越知识德育和知性德育。但是，德育并不否定和排斥必要的知识教育。认知性教育、知识性教育是德育的必要形式和载体。

不过需要强调的是，经由知识教育，绝不能囿于知识教育。这是因为知识只是德育的一个起点，而不是唯一的发端，更不是德育的终点。知识的传授是为了道德认知水平的提高和能力的提升，最终提高学生的道德素养。德育课程和教材中应该有知识教育吗？应该有知识点吗？知识点是什么？知识点如何呈现？如何教学？最根本的追问是：知识如何转化为道德智慧。对这些问题的追问，无非是从另一角度探讨德育课程的根本任务，以及德育的科学性和艺术性。

德育教材建设要以社会主义核心价值观为统帅，以培养和践行社会主义核心价值观为抓手，建构中小学生的道德，提升他们的思想品德素养，帮助他们寻找“最大公约数”，“扣好人生的第一粒扣子。”

建设有中国特色和中国风格的德育教材

编写一套具有中国特色和中国风格的中小学德育教材，是我国课程改革深化的必然，也是中小学教材建设的愿景，更表现出我们的文化自信和教育自觉。在教育改革和发展的今天，我们应当有这样的崇高追求和探索行动。

具有中国特色和中国风格的德育教材，一定是植根于中华优秀传统文化土壤中的，是在中华优秀传统文化中生长起来的。博大精深的中华优秀传统文化是我们的精神命脉，是我们在世界文化激荡中站稳的根基；中华文化积淀着中华民族最深层的精神追求，为中华民族生生不息、发展壮大提供了丰厚滋养；中华优秀传统文化是中华民族突出的优势，是我们最深厚的文化软实力。这一系列论述告诉我们，离开中华优秀传统文化，建设具有中国特色和中国风格的德育教材就是无源之水、无本之木，也就没有所谓的中国特色可言。

同样，植根于中华文化土壤的中国特色和中国风格的德育教材建设有着十分丰富的内涵，我们必须对其中的一些重大问题进行深刻理解和准确把握。这些问题都聚焦在一个最为根本的任务上，就是立德树人。毋庸置疑，所有课程、教材都要落实这一根本任务，德育教材尤其要落实好。在落实立德树人根本任务中，以下一些重要问题必须在德育教材中认真把握好、处理好。

一、把握德育教材的“最大公约数”

何为社会主义核心价值观？社会主义核心价值观就是最大公约数，培育和践行社会主义核心价值观就是帮助青少年扣好人生的第一粒扣子，如果第一粒扣子扣错了，剩余的扣子都会扣错。同时，核心价值观与道德的关系是：核心价值观其实就是一种德，既是个人的德，也是一种大德，就是国家的德、社会的德。显然，德育教材就是要以社会主义核心价值观为统领，以培育和践行社会主义核心价值观为抓手，建构中小学生的道德，提升他们的思想品德素养，扣好人生的第一粒扣子，帮助他们寻找最大公约数。

这就对教材编写和修改提出了很高但又具体的要求。一是要以课程标准为依据，梳理现有教材，对社会主义核心价值观的落实情况作认真分析，整体思考，系统设计，精心安排，形成一个图谱，以保证核心价值观在教材中的全面落实，在内容上不仅没有遗留，还针对薄弱之处，采取措施使之得到增强。随着教材的反复修改，这一图谱亦应适当调整，使之更为科学、更为合理，真正发挥核心价值观的统领作用，成为教材的主线。二是要在思想品德教材中，将社会主义核心价值观作为一个主题，从总体上介绍社会主义核心价值观，并对中小学生培育和践行社会主义核心价值观提出要求。这样既有全面的渗透，又有专门的集中介绍，核心价值观就能真正融入教材。三是要加强价值引领。美国曾提出“价值澄清理论”。所谓价值澄清，是将所有价值都呈现给学生，让学生自己辨别和选择。这对促进学生自主探究学习固然有利，但其最大的问题是没有发挥教师的价值引领作用。西方正在修正这一理论，我们更应从中汲取经验，坚守我们已有的好的做法，在进行价值澄清的同时，坚持正确的价值引领。四是要加强理想教育。价值是理想中的事实。价值总是有理想的光照，在理想的召唤下，事实才会呈现其应有的内在价值。培育和践行社会主义核心价值观，在很大程度上就是要引导学生追求崇高的理想，为实现中国梦而努力。

核心价值观不只是一个渗透问题，更为重要的是开发。教材中蕴含丰富的社会主义核心价值观，需要师生共同对其开发。过分强调渗透，很容易产生生硬以至贴标签的现象。而开发则更多的是内在的生成。因此，在呈现方式上，既要有内隐，又要有一定的外显，从学生的认知规律和教材特点出发，内隐与外显有机结合，引导学生生动活泼地学习，才能真正达到社会主义核心价值观融入教材的目的。

二、德育教材要使中华优秀传统文化成为滋养学生思想品德的重要源泉

中华优秀传统文化是社会主义核心价值观的土壤和基础，也是滋养学生思想品德的重要源泉。使中华优秀传统文化成为教材之根，成为中小学生的文化之魂，使德育教材满载中华文化之元素，走向世界，走向未来，这是教材编写者的又一重要任务。面对这一挑战，教材的编写和修订，必须立足中华传统文化，形成文化自觉，要在以下方面研究得再深一些，把握得更准一些，落实得更好一些。

首先，在认识上有新的提升。中华传统文化不只是长期以来所形成的生活和行为的规范，而且是一种富有感召力的文化力量，更是一种极富创造性的想象。中华传统文化不只是属于过去的，也是属于现在的，还是属于未来的。德育教材要立足中华优秀传统文化，以中华优秀传统文化为背景和源泉，这正是对中华传统文化极为重要的弘扬和发展，也是德育教材义不容辞的责任和使命。其次，把握住中华优秀传统文化在教材中落实的重点。有人说，中华优秀传统文化用一个字来概括，就是“道”；用两个字来概括，就是“仁爱”；用三个词来概括，就是“仁义”“民本”“贵和”。习总书记指出，要“深入挖掘和阐发中华优秀传统文化讲仁爱、重民本、守诚信、尚和合、求大同的时代价值”，这样的概括更全面、更准确。这些文化价值和传统美德应在教材中真正得以体现。教育部在有关文件中也明确提出，加强天

下兴亡、匹夫有责的家国情怀教育，加强仁爱共济、立己达人的社会关爱教育，加强正心笃志、崇法弘毅的个人修养。不同年段也应有不同要求，小学低年级的重点是培养亲切感，小学中高年级的重点是培养感受力，初中的重点是培养理解力。教材的编写与修订应根据这样的要求来进行。

立足中华优秀传统文化，教材在编写和修订中要精心选用材料。要充分开发和使用中华优秀传统文化素材，使学生在教材中处处可以触摸，时时可以感受。要加强中华传统节日的教育。春节、端午、中秋、清明、重阳等节日，已成为中华文化的重要符号，应在教材中予以凸显，并进行合理开发。与外国的节日相比，中华传统节日应占有更重要的位置和更大分量。要对中华文化进行创造性转化，促使其创新性发展，以体现中华文化的开放性和时代性。从这个意义上说，具有中国特色和中国风格的德育教材应包含鲜明的全球意识和时代特征。

三、德育教材要加强法治教育，提升学生的法治素养

品德与生活、品德与社会的课程标准中，原本就有法治教育的内容和要求，思想品德课程的四大内容原本就包含法律教育。党的十八届四中全会作出了全面推进依法治国的重大决策，对法治教育提出了新任务和新要求，同时提出要“把法治教育纳入国民教育体系，从青少年抓起，在中小学设立法治知识课程”。中央的要求是非常明确的，德育教材应当首先学习好、把握好、落实好。而且，当前的中小学生的法治素养亟待提高，有人认为中小学生处在“危险的12岁和13岁”，尽管这一说法值得推敲，但至少说明了法治教育对中小学生成长的重要性。如果说成长路上的教育还缺少什么，那么我们的一个回答就是，还缺少有质量的法治教育。德育教材应当承担起这样的责任。

德育教材要深入学习中共中央关于依法治国的决定，对现有教材中有关内容进行回顾、梳理，与中央的新提法、新要求、新内容作一一的比照，并根据中央的精神和要求加以修订。在修订中，以下一些问题要把握好。要在

总体上对法治教育、依法治国有大体的认识，尤其思想品德教材要在科学立法、严格执法、公正司法、全民守法等方面适当展开，进行整体把握。要让学生体会法律是神圣的、严厉的，我们应当有敬畏感，还要体会到法律是保护我们的，让我们的生活更安全、更健康、更幸福。要让学生体会法律不只是与大人关系密切，也与自己息息相关；法律不只在未来，而在我们的生活之中。我们应当从小就与法律亲密接触，做个学法、懂法、守法的小公民。增强法治观念，提高法治素养，应当是中小学德育教材的主要目标。中小学生尤其是小学生的法治教育要从遵守规则做起。规则是法律的基础，规则意识、规则行为能力是社会性发展的基本内容，是青少年的成人之道。十八届四中全会也指出，要“强化规则意识，倡导契约精神，弘扬公序良俗”。要采用生动活泼的呈现方式，引导学生学会探究，学会辨别，学会判断，学会选择，所用案例、故事应当正面引导。

建设具有中国特色和中国风格的德育教材永远是个过程，我们应当从现在开始，在探索中向前。只要坚持，立德树人的根本任务一定会得到真正落实。

生活教育·儿童世界·青春文化

——从审议的视角解读品生、品社和思品课程标准

2011 年 3 月，我被国家基础教育课程教材专家工作委员会聘为义务教育课程标准审议委员，参与了品德与生活、品德与社会、思想品德（以下简称品生、品社、思品）三科课程标准的审议。

课程标准是教材编写、教学、评价和考试命题的依据，是国家管理和评价课程的基础，体现了国家对不同阶段学生知识和技能、过程和方法、情感态度与价值观等方面的基本要求。因此，课程标准审议，对于体现和落实课程改革的方向、理念，对于提高教学质量是至关重要的。

课程标准综合审议在我国还是首次。这一制度的设立，标志着我国基础教育课程改革制度尤其是管理制度的健全和完善，进一步表明我国基础教育课程改革越来越科学，越来越成熟；同时，也充分体现了我国基础教育课程改革决策科学性、民主性的进一步增强。作为审议委员，审议是国家赋予我们的一项权利，必须以高度负责的精神，严肃、认真地做好课标审议工作。

一、品生、品社、思品三门课程正在有效地改变着中小学德育课程面貌，也在影响和推动着中小学德育改革

我国一直重视中小学生的德育，坚持德育为先，育人为本。但不可回避的问题是，长期以来，德育针对性、主动性、实效性不强的问题没有得到根本的解决，其原因是多方面的，也是复杂的，关键是应试教育体制没有从根本上改变。我们也试图从不同方面去研究、探索解决的方法，但收效还不是很显著。1999年，全国第三次教育工作会议召开，中共中央、国务院颁布的《关于深化教育改革全面推进素质教育的决定》明确指出，要把课程改革作为突破口。正是根据中央的意见，教育部启动了新一轮基础教育课程改革。

根据我国国情和文化传统，从实际出发，我国专门设置了德育课程，这对于加强中小学生的德育，提高他们的道德认识水平和道德素养无疑是一项重要举措。不过，同样不可回避的问题是，德育课程并没有受到应有的重视，也未收到应有的效果。这固然和教育体制、社会大环境有关，但不能不说德育课程本身也有很大的问题。长期以来，德育课程远离学生，远离生活，远离火热的社会；课程实施以教师讲授、灌输为主，学生被动地接受；课程评价考试注重书面知识，而忽视学生的道德践行。这样的德育课程必须反思和改进。

新一轮课改为德育课程改革提供了极好的机遇和平台。通过中外德育课程的比较研究，在广泛深入调查研究的基础上，根据课改所确立的理念与方向，根据新课程目标，对德育课程的名称作了改动，设置了品德与生活、品德与社会、思想品德这三门课程。名称的改变意味着理念的改变，也意味着课程结构、课程内容和实施方式的改变，这是德育课程全方位的改变，是一次重大的改革。改革的重点，显然是把思想品德教育和学生生活结合起来，遵循并坚守这样的理念和信念：思想品德是人在对生活的认识、体验和实践过程中逐步形成的。否则，结果就会是杜威所指出的那样，学生获得的只是“关于道德的观念”而非“道德观念”。

事实正是如此。经过调查，品生、品社、思品这三门新课程得到了广泛的认同和高度的赞誉。从品社的调查结果来看，98.2% 的人认为新课程标准“前言”部分“很好”和“较好”地体现了《基础教育课程改革纲要（试行）》的精神，96.3% 的人“非常认同”和“比较认同”标准的基本理念和设计思路，88.1% 的人认为“完全能实现”和“经过努力能较好地实现”新课程标准，93.5% 的人认同并支持新课程内容。品生、思品课标的调查结果也大体一致。总之，大家都认为，这样的课程注重与生活结合，注重道德实践，涵养德行，符合实际，学生们普遍喜欢。新课程既体现了中华民族传统的德育理论和经验精粹，又与国际教育发展趋势一致，走在了时代的前面。毋庸置疑，新课程正在改变着我国的德育课程。

新课程已经融入了日常生活，其新理论和方式必然影响日常的德育。我们高兴地看到，当下的学校德育发生了极大的变化，呈现着十分喜人的景象：回归生活，从学生出发，以学生的经验为基础，让学生主动参与，在道德情境中认知和辨别。德育实践形式的多样，德育方法的生动活泼，已成为中小学德育的共同追求。我们完全有理由相信，新德育课程正在影响着并将持续影响着整个德育的进程。尽管德育课程无法解决整个德育的问题，但事实告诉我们，新课程绝不是无可作为的。

二、品生、品社、思品是综合性的德育课程，使德育课程更开放、更开阔，更具活力

修订后的课程标准对于课程性质是这么规定的：“品德与生活课程是一门以小学低年级儿童的生活为基础的，以培养具有良好的品德与行为习惯、乐于探究、热爱生活的儿童为目标的活动型综合课程。”“品德与社会课程是在小学中高年级开设的一门以学生生活为基础、以学生良好品德形成为核心、促进学生社会性发展的综合课程。”“思想品德课程是一门以初中学生生活为基础、以引导和促进初中学生思想品德发展为根本目的的综合性课程。”品生、品社、思品三门课程无疑都是专设的德育课程，但其类型都定位在

"综合"或"综合性"上。综合、综合性成了三门学科的基本性质，进而规定了三门课程的基本形态。课标对这三门课程性质和类型的坚守，值得关注和研究。

品生与品社是综合课程不难理解，因为其课程名称就是对性质的规定，即品德教育要与生活相综合，要在逐步扩大的生活中进行。品德与生活、与社会的结合，使得品德教育接了"地气"，也有了"底气"。用陶行知先生的话来说，"是生活决定教育"，"教育要通过生活才能发出力量"，"是叫教育从书本到人生的，从狭隘的到广阔的，从字面的到手脑相长的，从耳目的到身心全顾的"。新课程实施以来，品生、品社正是在综合上有了进展，取得了显著的效果。那么，初中思品为什么要坚守综合性呢？这更值得关注和研究。

从课程内容来看，它把道德、心理健康、法律、国情等内容整合在一起。从课程基础来看，它是以初中学生逐步扩展的生活为基础，以学生成长过程中需要处理关系为经编织的，而生活本身就是综合的。从课程所要处理的关系看，初中学生要进一步学习正确处理自我与他人、自我与集体以及自我与国家和社会这三组重要关系。这样的关系总是整合在一起的。由此，思品课程的综合性是必然的。

思品的综合性，使得课程更加开放，向生活、世界的方方面面打开，也向初中学生丰富的内心世界打开。开放的思品课，视野更加广阔，思路更加开阔，资源更加多元丰富。因此，综合性的课程更具活力，更具魅力。调查结果表明，初中学生喜欢综合性的思品课。

回过头来说，综合和综合性，这一基本性质和类型最终是为德育服务的。尽管品生还要培养学生乐于探究、热爱生活的品质，但首要的是培养学生具有良好的品德和行为习惯。况且，乐于探究、热爱生活本身就具有道德教育的意义。品社也是"以学生良好道德形成为核心"，思品更是以"引导和促进初中学生思想品德发展为根本目的"。课程实施中，我们一定要把握好德育目的与综合形态的关系。

三、品生、品社、思品三门课程的核心理念是回归生活，这一核心理念不但不应有丝毫的动摇，还应继续深化和发展

回归生活是三门课程的核心理念，这一核心理念在此次课标修订中进一步强化。品生在课程标准的基本理念部分是这么表述的："珍视童年生活的价值，尊重儿童的权利"；"道德存在于儿童的生活中，德育离不开儿童的生活"；"引导儿童热爱生活、学会关心、积极探究是课程的核心价值"；"让教与学植根于儿童的生活"。品社的基本理念表述为"帮助学生参与社会、学会做人是课程的核心"；"学生的生活及其社会化需求是课程的基础"。思品在基本理念方面作了这样的表述："思想品德是人在对生活的认识、体验和实践过程中逐步形成的"；"初中学生生活范围逐步扩展，需要处理的各种关系日益增多"；"本课程正是在学生逐步扩展的生活经验的基础上，与他们一起体会成长的美好、面对成长中的问题，为初中学生正确认识成长中的自己，处理好与他人、集体、国家和社会的关系，提供必要的帮助"。显然，这些表述中有一个共同关键词：生活。"生活"在课程标准中占据着重要的地位，闪烁着异样的光彩，指引着德育课程的改革之旅，召唤着我们在生活中追寻真正的良好的德育课程和德育。

究其原因，我们可以提及杜威，提及陶行知、马克斯·范梅南，因为他们都极力主张生活教育、生活德育。如果把目光再投射得远一点、广一点，很多专家学者据此都提供了自己的看法。16 世纪法国历史上最伟大的著作家、思想家蒙田，他以无拘无束、生动有力的文集《论生活》享誉世界。他说，真理具有狭隘性，"有时也会对我们造成一些妨碍"，这是因为真理有时远离了生活。因此，人们必须在生活中建立起"行动的哲学"，"把享受生活的恩惠作为生活的目的"。我以为，论教育必须论生活，而且，教育本身就是一种生活，论教育就是论生活。历史早已证明，离开生活，德育是平庸的，甚至是虚假的。时代又一次提醒我们，让德育赶快回到生活中去，回到源头中去。此次课标修订，回归生活理念不仅得到了坚守，而且提升了，这是正确的。

可是，曾有学者对教育回归生活进行质疑，因而有人曾经对这一核心理念犹豫过、动摇过。固然，教育不能与生活零距离，我们也并不赞成只要生活而不要教育，但是教育必须回到生活中去，德育也必须与生活相联系、相结合。正因如此，中国的中小学德育也正在探寻和逐步建构起具有自己特色的体系，我们完全可以这么说，这是德育的“中国案例”，是中国德育的“探索之路”。

四、儿童与儿童生活世界，成为品生、品社课程的基础和逻辑

品生、品社的主题是生活，而主语是儿童。生活中无儿童也就无所谓生活，儿童在“生活”中生活，生活才有了意义，才会成为“可能的生活”。品生、品社课标中，处处可见“儿童”，课标是以儿童为主语展开的，儿童经验成为课标的基础，儿童逻辑成为课标的逻辑。因此，从深层次来说，研究课标的实质是研究儿童，执行课标首先要站在儿童的立场上。研究儿童、坚守儿童立场，是研究和执行课标的前提和保证。

1. 关注每一个儿童健康成长。

课标鲜明地指出，课程特别关注每一位儿童的成长，引导儿童热爱生活、学会关心，丰富儿童的内心世界和社会认知，健全儿童人格，使他们能够以积极的态度参与社会，并创造生活。品生课标从四个方面提出了要求：健康、安全地生活；愉快积极地生活；负责任、有爱心地生活；动手动脑、有创意地生活。具有这样生活态度和生活能力的儿童肯定是健康的、幸福的。品社课标尽管没有重复这样的表述，但在内涵上是一以贯之的。

2. 珍视童年生活的价值，尊重儿童的权利。

品生、品社和思品课标坚守了儿童的立场，对童年作了深刻的阐释：“童年是一个蕴藏着巨大发展潜力的生命阶段。童年生活具有不同于成人生活的需要和特点，它本身蕴藏着丰富的发展内涵与价值。”显然，这是一种哲思。在这里，童年已不仅是一个年龄阶段的划分，已提升为“童年价值”“儿童精神”。教学正是基于对“童年价值”的珍视和开发，又是对“儿

童精神”的捍卫与发展，让儿童成为道德的创造者。这样的理念具有普遍意义，但并未失去品生、品社的学科特质。品生、品社课标从某种意义上来看，正从道德的角度建构自己的儿童哲学。这就对品生、品社的授课教师提出了更高的要求：学点哲学，研究儿童道德哲学，建构自己的“童性哲学”。

3. 课程面向儿童的整个生活世界。

儿童是一个完整的世界，儿童的生活是整体的、多向度的、综合的，面向儿童的生活，不能只面向一个方面，尤其不能只关注他们的道德知识学习，只关注和面向儿童的符号世界。失败的教训已不止一次地告诫我们：把教学局限在甚至束缚在符号世界里，儿童的生活变得枯燥、乏味，即使学到知识也只能是冰冷的美丽。课标强调品生、品社教学一定要向儿童生活的四面八方打开，让道德认知、道德践行充满温暖。品社课标指出：“本课程以学生的生活为基础。家庭、学校、社区、国家、世界是学生不断扩展的生活领域。社会环境、社会活动、社会关系是存在于这些领域中的几个重要因素。学生的品德与社会性发展是在逐步扩展的生活领域中，通过与各种要素的交互作用实现的。”如此准确、精要的阐述，蕴含着深意，需要不断学习和理会。

五、重新审视青春期，善待正在变化中的初中学生

以往读过初中思品教科书，最近又审议思品课标，总有一股暖流在心中流淌，撞击我这颗渐渐老去的心。不过我始终觉得，面对着新课程，面对着思品新课标，我的心并未老去，总是不断涌起青春的激情。我想，对一个年长的人尚且如此，那么对正在初中学习的少年们，这样的课程不更是能让他们青春涌动，感悟到青春年华的美好吗？结论当然是肯定的。

思品课标修订后的内容标准中有这么一段表述：“了解青春期心理卫生常识，体会青春期的美好，学会克服青春期的烦恼，调控好自己的心理冲动。”与实验稿相比照，修订稿只不过增加了一句话，即“体会青春期的美好”。但这一改动相当重要，是对青春期特点的重新认识。正如高德胜老师

所指出的那样："一般的心理学教科书，都将青春期特点概括为：过渡性、闭锁性、反叛性段等。受这种消极判断的影响，很多人对青春期的看法很消极，以为这是人生当中一段危机四伏、充满动荡的时期。但心理学的研究发现，青春期的种种理论充满了成年人的偏见，是成年人的'意识形态'……夸大青春期问题的一面而忽略其美好的一面，反映的是成年人对将要长大的青少年一代的戒备与恐惧。"我非常认同并赞赏高德胜老师的这段话。"体会青春期的美好"，实质是整个思品课标的基调，是对思品课价值取向的基本定位，是对青春文化的追求。这是教育理念一个极其重要和美丽的转身。

有一组文章中引用了犹太哲人希勒尔的一段话："如果我不为自己的话，那么谁为我呢？并且，如果我不为其他人的话，那么我是谁？同时，如果不是在现在，那么会是在什么时候呢？"希勒尔的这段话，是对个人和个人在社会环境中的行为错综复杂而又自相矛盾的关系的描述。如今的初中生还没有这样的追问，但是他们时时会遇到类似错综复杂的情况、类似自相矛盾关系的困扰，因而也会隐隐约约地冒出类似的问题，而且也总是关注第一个问题的追问："如果我不为自己的话，那么谁为我呢？"同时，也会常常提问自己：我是谁呢？这是青春期的困惑。眼下，有用"正面反动派"的概念来描述那些桀骜不驯的年轻人，描述他们和管理者之间的理念、意识以至行为的冲突。我当然不赞成中学生是"正面反动派"，但如果引导不好，也极有可能使他们朝着这一方向变化。可见，青春期是美好的，又是脆弱的，甚至是存有一定的危险的。怎么办？要用文化的方式去引导他们，改变他们。文化的方式就是"吸引人的方式"，进而以青春的方式探索并解决青春期的问题。这种"柔软的引导""柔软的改变"，会使处在青春期起始阶段的初中生们更加可爱。

思品课标正是以这样的理论和方式来设置思想品德课。课标在课程设置思路部分这么说："初中学生逐步扩展的生活，尤其是处在青春期的初中学生的身心发展特点是本课程设置的基础，课程从学生的生活实际出发，直面他们成长中遇到的问题，满足他们生长的需要。"同时，在课程目标和内容标准部分十分关注初中学生的自尊自信、乐观向上、意志坚强的人生态度，关注善于合作、敢于竞争、勇于创新的个性品质，关注调控自己情绪、自我调适、自我控制以及交往、沟通能力的培养，等等。

研读思品课标，我们呼吸到浓郁的青春气息，触及青春的脉搏，感受到青春特有的节律。在这种文化中学习的初中学生，才会有美好的感觉，才会有幸福的憧憬。

以上几段文字，不能涵盖思品课标的全部，但我欣喜地发现思品课标已升起了一面青春文化的旗帜，奏响了青春的序曲，这多好！

应当说，审议的角度带有质疑，甚或有点挑剔和批评。这次品生、品社、思品课标的审议，让我体察到其中的意蕴，丰富而深刻。预见未来的钥匙，总是隐藏在历史的文本中。我想，大家学习课标，专家们依据课标编写教材，教师们在课堂里实施课标，如果能开挖这样的意蕴，把握这些精当的要义，德育课程一定会进入一个新的境界。

品生、品社、思品课标对教学的规范和引导

教学是课程实施的基本途径和方式，而且是课程实施中具有实质性意义的阶段。无论是把教学比作关于建筑图纸的具体施工，还是比作关于比赛方案的球赛过程，抑或是关于乐谱的作品演奏，[①] 无非在强调教学的重要价值和意义。

于是，我自然想到《义务教育课程标准（2011 年版）》。梳理清楚课标修订的内容，目的在于明确新修订的课标对教学提出了哪些新要求，教学面临着什么新挑战。我曾经参与品德与生活（以下简称品生）、品德与社会（以下简称品社）和思想品德（以下简称思品）课标的修订与审议。我以为修订与审议的过程实际上是不断面向教学改革实践的过程。面对日常教学，课标的作用主要表现在其明确的规定性对于教学的规范和引导。规范重在准确、完整地体现并落实课标要求，而引导重在鼓励教师进行改革和试验。这两方面作用缺一不可。作些整理和思考，我以为这三门课程的课标在以下四个方面规范并引导着德育课程的教学活动。

① 施良方．课程理论——课程的基础、原理与问题［M］．北京：教育科学出版社，1996.

一、课程性质定位，对教学目的和任务的规范与引导

课标的修订与审议，特别重视关于课程性质的定位。修订后的课程标准对于课程性质是这么规定的："品德与生活课程是一门以小学低年级儿童的生活为基础的，以培养具有良好的品德与行为习惯、乐于探究、热爱生活的儿童为目标的活动性综合课程。""品德与社会课程是在小学中高年级开设的一门以学生生活为基础、以学生良好品德形成为核心、促进学生社会性发展的综合课程。""思想品德课程是一门以初中学生生活为基础、以引导和促进初中学生思想品德发展为根本目的的综合性课程。"以上关于这三门课程性质的表述是严谨的、周全的。教学改革首先要根据课程性质对教学的目的和任务进行深入思考，恰当地组织课程内容，采取合适的方式加以落实和体现。

不言而喻，品生、品社、思品三门课程都是国家专设的德育课程，这一点新课标规定得更为鲜明。品生中，"以培养具有良好的品德和行为习惯、乐于探究、热爱生活的儿童为目标"；品社中，"以学生良好品德形成为核心"；思品中，"以引导和促进初中学生思想品德发展为根本目的"，这都把课程性质定位在良好品德的培养和发展上，十分明确地规定了德育课程的性质。但是课标又规定，这三门课程都是综合课程或综合性课程，即综合、综合性也是这三门课程的基本性质和特征。这就自然引起我们的思考：综合、综合性与德育课程究竟是什么关系？德育课程为什么要突出综合、综合性？这一问题值得关注和思考，否则就有可能偏离课程的基本定位。品生、品社课程是综合课程并不难理解，因为其课程名称就是课程性质规定性的揭示。十年的实践也充分说明，品生、品社正是在与生活和其他学科的联系、综合上取得进展，小学生喜欢，容易接受，德育效果是明显的，再次充分说明德育就应当与生活综合，就应当在生活中进行。当然，初中思品也应是综合性课程，这是为什么？从课程基础来看，它是以初中生逐步扩展的生活为基础的，以学生成长过程中需要处理的关系为经编织起来的——生活本身是综合的；从课程所要处理的关系来看，初中生要进一步处理好自我与他人、自我

与集体以及自我与国家和社会这三组重要关系，社会生活中的这些关系总是相互渗透、相互影响的——学生与所处的环境和关系是综合的。不难看出，综合、综合性拓展了德育课程的视野和途径，思品课程的综合性也是必然的。当然，综合性课程与综合课还是有差异的。综合课程的“综合”表明的是一种课程形态，综合程度更充分，而“综合性”则是课程的一种特征和要求。但不管是综合，还是综合性，都为德育课程的根本目的服务。

三门课程的课程性质对教学有着重要的规范和引导作用。首先，教学要以人为本，坚持以学生发展为本。教育是关于人的、促进人发展的活动或过程，人不仅是教育的对象，也是教育过程中的主体。以人为本，意味着不是以道德知识为本，不是以考试分数为本，而是以人的品德养成为本，以人的道德素养和身心健康发展为目的。坚持以学生发展为本，就要坚持学生立场。站在学生立场，了解学生、研究学生、发现学生，关注每一个学生的健康成长，珍视学生童年生活的价值，尊重学生的权利，捍卫并提升学生的精神。其次，教学要以德育为主。如前所述，三门课程都是综合课程或具有鲜明的综合性，值得注意的是，综合不是目的，而是手段或形态，其目的是为了品德和行为习惯的养成，为社会性发展这一核心或根本目的服务。如果为综合而综合，综合便失去了灵魂。其中特别要关注品生课程，课程性质除了提出培养“良好的品德和行为习惯”的任务外，还有“乐于探究、热爱生活”的表述。一方面，这样的规定更符合小学低年级学生的年龄特点、认知特点以及他们发展的需要，凸显生活的内容和色彩，有利于良好品德和行为习惯的养成；另一方面，“乐于探究、热爱生活”本身就是一种“良好的品德与行为习惯”的教育，本身就是品德和行为习惯的具体表现。因此，有关内容的教学要处理好与科学课教学的区别，不要上成脱离品德教育主旨的科学探究课。最后，综合或综合性要求教师具有开放的视野和智慧。综合不是内容的简单叠加，更不是内容的拼凑，而是以某一主题为核心、为线索，从中寻找和确定整合之点。同时，以综合的观点在更大范围里开发课程资源，丰富教学内容，引导学生由此及彼，逐步建立生活的完整图像。

二、回归生活的基本理念，对教育理念、教学内容及教育情境的规范与引导

如前所述，三门课程都有一个共同的基础：以学生的生活为基础，而且新课标在坚守的基础上又予以补充或解释。品生课程内容标准仍坚持四大内容："健康、安全地生活""愉快、积极地生活""负责任、有爱心地生活""动脑筋、有创意地生活"。这四部分内容完全以生活为逻辑而组织，其中一些内容作了微调。品社课程的设计思路，"一条主线，点面结合，综合交叉，螺旋上升"，解释得更为清晰。一条主线，即以学生的生活发展为主线；点面结合的"点"，是社会生活的几个要素，"面"是学生逐步扩展的生活领域；"综合交叉，螺旋上升"也是紧紧围绕生活领域来展开的。思品课程，对以生活为基础有了更为充分的阐释：1. 思想品德是在人对生活的认识、体验和实践过程中逐步形成的；2. 初中学生生活范围逐步扩展，需要处理的各种关系日益增多；3. 本课程正是在学生逐步扩展的生活经验的基础上，与他们一起体会成长的美好，面对成长中的问题，为初中学生正确认识成长中的自己，处理好与他人、集体、国家和社会关系，提供必要的帮助。这些阐释都表明一个共同的课程核心理念，即德育要回归生活。"生活"几乎成了课程的主题词，在课程标准中占有重要的地位，处处闪烁着异样的光彩，指引着德育课程的改革之旅，召唤我们在学生的生活中追寻真正属于学生自己的德育课程和道德生活。

回归生活，是课程标准的基本理念。新的课标坚守了、强化了，教学改革对此应当有新的认识和应答。我以为主要是深化和落实的问题。要落实好，前提是认识要提升，同时要有深化的举措。

一是认识的深化。要进一步认识到，对于回归生活的理念既是教育的旨归，也是增强德育针对性、实效性和主动性的根本办法。对于回归生活，陶行知有十分重要、精辟的论述，引导着今天的教育改革和德育改革。如果目光再放得远一点、广一点，专家学者们都一致论述了生活之于教育、之于德育的重要价值。比如，16 世纪法国历史上最伟大的思想家蒙田，就以无拘

无束、生动深刻的《论生活》享誉世界。他说，真理具有狭隘性，“有时也会对我们造成一些妨碍”，这是因为真理远离了生活。他所说的“把享受生活的恩惠作为生活的目的”，其实，这正是教育的目的，也是德育的目的。回归生活的理念，“经过十年的实践检验，证明是既能解决‘间接德育’课程困局，又能回避‘直接德育’课程缺陷的全新路径”[①]。让德育回到生活中去，回到道德发生的地方去，课程修订后的这一理念的坚守并提升无疑是十分重要的。值得注意的是，曾有学者对教育回归生活表示质疑，以为教育不能与生活零距离，德育课程不能“生活化”。是的，我们并不赞成教育与生活完全没有区别，只要生活而不要教育，对“生活化”也必须作出界定和解释，但是德育向生活回归的理念不能动摇。认识的坚定与深化，才能推动教学的根本转向。

二是教学的出发点必须改变。教学究竟从哪里出发？新课标的要求是，进一步推动学科逻辑向生活逻辑的转变。教学从哪里出发，是教学观问题，往深处讲是知识观问题，其实质是教学的问题。长期以来，我们是从知识出发的，以知识逻辑来建构教学，对教学的评价也总是以学生道德知识掌握的程度为标准。而且，这种习惯性力量特别顽固、特别强大，教学中常常自觉不自觉脱离生活的逻辑，把我们往道德知识的学习上拉。前几年，一些教师不止一次地反映，当下的德育课堂里见不到知识了，考试题也不好出了，更不好评价了，希望重提知识教学问题。这既反映了认识上的偏差，也反映了教师还不适应。在问题的背后和深处，仍然是如何对待德育课程教学的逻辑起点问题还没有真正得到转变。其实，新课程从来没有否定知识的传授，三维目标中的一维就是“知识与技能”。除了考试与评价以外，这一问题表现在两个方面。一方面，道德认知是德育的一个发端，但不是唯一的，也不是最关键的，只从道德认知入手，极有可能造成知与行的脱节，这一教学起点必须改变。另一方面，德育需要知识，但更为重要的是如何获取知识，即获取知识的过程和方式。这两个方面都涉及一个核心问题：德育究竟在哪里发

① 高德胜．坚持中明确　完善中提高［J］．基础教育课程，2012（12）．

生？毋庸置疑，应当在生活中，脱离生活逻辑、固守知识体系不可能有真正的改变。因此，我们必须推动学科逻辑向生活逻辑转变，以生活为起点，从生活话题入手，与学生的生活紧密地、自然地联系，帮助学生寻找失落的生活和生命价值。

三是丰富学生的生活，进行价值引导。学生不是生活在单一的世界里，他们既生活在现实世界里，还生活在理想世界和虚拟世界里。当下的问题是，我们只关注学生的现实生活，且又把现实生活等同于作业考试、分数、升学，丰富多彩的生活离他们远去。同时，对他们在理想世界和虚拟世界里的生活内容和方式，我们了解得非常不够。更为严重的是，这三个世界常常错位，价值观也发生碰撞，以致产生一些价值困惑，对此我们也关注、研究得不够。针对这些情况，我们必须全面关心学生生活，丰富他们的课余生活，引导他们从生活情境中汲取力量，提升自己的价值观。教学中，把关注点投射在生活中负面的东西是不对的，只让他们面对生活中美好的一面也是有失偏颇的，关键是加强学生对正确价值观的学习和引领，让他们认识假、丑、恶，追求真、善、美，增强辨别和选择能力，优化自己的生活和情境。此外，小学与初中，小学低、中、高年级，选择什么样的生活素材，以往我们做得比较笼统，比较粗疏，应该转向有序、细致，形成一定的结构，让德育情境更为丰富、更为生动。

三、引导学生进行道德学习，对教学方式、学习方式转变进行规范和引导

回归生活的基本理念必然引导教学方式和学习方式的转变。教学方式、学习方式的转变，既是当前教学改革的共同要求和走向，也是由德育课程的性质所决定的。品生课标明确规定，这是一门“活动性”综合课程，修订中又将课程的四个特性的呈现顺序调整为“生活性、活动性、综合性、开放性”，将生活性、活动性前置，更突出和强调生活和活动的重要。品社课标强调了实践性的特征，要求在注重学生体验、探究和问题解决的过程中，形

成良好的道德品质，在亲身参与丰富多样的社会活动中，逐步培养探究意识和创新精神。思品课标为保证学生自主性、探索性的学习落到实处，坚持大的课程结构不变，淡化知识体系，引导学生学会学习，“将学习过程转变为不断提出问题、解决问题的探索过程，变成激发学生学习热情，主动参与，自主设计并完成阶段学习的过程”，将道德教育转变为“道德学习”。[①] 显然，进一步推动教学方式、学习方式的转变，是课标修订的又一着力点。这样的规定，起着规范和引导教学改革的作用。

1. 坚定不移地将学会学习、道德学习作为教学的核心。

《学会生存——教育世界的今天与明天》这一联合国教科文组织的著名报告明确指出，“教育的目的在于使人成为他自己，‘变成他自己’”，“我们应该使学习者成为教育活动的中心”，“学习过程现在正趋向于代替教学过程”。[②] 教学的核心是学生的学习，是教学生学会学习，让学生主动学习、创造性学习，享受学习的过程。因此，新课标进一步倡导学生自主学习，从根本上改变以知识灌输为主的教学方式，倡导自主、合作、探究式学习。新课标并不否定接受性学习，但接受性学习也应当是以学生的自主为前提的，这样的接受性学习才有积极的意义。因此，德育课程的教学，从本质上是学生的道德学习。道德学习成为道德教育的本质与核心，而“道德学习的本质是生活的、实践的学习”。理论和实践都充分证明，道德学习才能从根本上促进学生的道德成长。

2. 道德学习要以激发与增强学生的情感体验为基础。

认知教育要有情感的伴随，通过情感激发，汇聚与推动学生的认知发展，道德学习更应如此。情感是一个人发展的本质力量，开发情感正是开发一个人发展的本质力量，进而才能从本质上推动人的道德学习。德育课程应当是有情感温度的课程。为此，德育课程的实施，要注重探索学生情感体验

① 思想品德课程标准修订组，朱小蔓．在坚持中发展与完善——思想品德课程标准修订说明［J］．基础教育课程，2012（Z1）．

② 联合国教科文组织国际教育发展委员会．学会生存——教育世界的今天和明天［M］．华东师大比较教育研究所，译．北京：教育科学出版社，1996．

的方式，促进学生情感体验的深度。情感体验的方式是参与经历和体悟的方式，是身而行之、心而悟之的方式，不仅经历，而且要发自内心，用心去思考、去感悟。这里有个重要的前提，即激发学生学习的兴趣和学习欲望，用贴近学生的事件来吸引学生，在具体、丰富、生动的生活情境中，让学生与教学内容自然而又紧密地连接起来。情感体验是道德学习的动力和方式，以情感为动力驱动道德学习需求，以情感体验为方式推动道德学习的深入。

3. 道德学习也需要合作。

合作学习方式已逐渐为大家所认同和接受，试验也不止一次地说明，合作学习是适合学生的有效的学习方式。新课标颁布后，我以为在坚持指导学生用合作的学习方式进行道德学习中，尤其要探索以下两个问题。第一个问题是，合作学习的本质是学会关心和对话。内尔·诺丁斯这么界定关心："关心意味着一种关系，它最基本的表现形式是两个人之间的一种连接或接触。"[①] 道德学习就是学会以合作的方式学会关心，在合作学习中学会处理人与人之间的关系，提高交往中的道德水平。合作也是一种对话，你发现我，我发现你，相互交流和分享，因此必须以平等的心态学会倾听、学会分享。这样合作学习将会提升到一个新的水平。第二个问题是建立和完善合作学习的规则。合作学习规则的创造本身就是一种道德学习，而道德学习也需要规则，有规则才会有序，才会有效，也才会促进大家共同成长。我们应当从合作学习规则的研制开始，培养合作学习的品质和能力，同时提升道德学习水平。

四、把握课标基本精神，创造性地使用教材

课标是国家对教育教学的基本要求，必须认真严肃地执行。课标在突出统一的规定性的同时，又给教师执行课标、使用教材留下了较大的空间，因此，执行课标、使用教材有一个创造性的问题。这是因为课程改革就是要求

①［美］内尔·诺丁斯．学会关心：教育的另一种模式［M］．于天龙，译．北京：教育科学出版社，2011.

教师不仅成为课程、教材的使用者，也鼓励教师努力成为课程、教材的研究者、开发者和创造者，这样才会逐步确立课程领导的理念，把自上而下的管理与自下而上的创造结合起来，形成生动活泼的改革局面。同时，教材也在严格按课标要求规定编写的同时，鼓励编写者在不违背课标基本精神和基本要求的前提下，从实际出发，灵活处理，编出个性和特色来。同样，教师执行课标、使用教材，也需要从实际出发，创造性地使用教材，教出特点和风格。可以说，创造性地使用教材是我们努力的方向，当然，也是对我们的挑战。也许，这还可以成为执行新课标的一个目标。

创造性地使用教材，要尊重教材，不能随意处理教材甚至抛开教材，使教学失去目标，失去依据，成为无序的随意活动。但是拘泥于教材，局限于教材，唯教材是用，也是不对的。创造性使用教材的方式方法多种多样，或调整、重新进行组合，或补充、丰富内容，改变呈现方式。总之，一切要以课标为准，以适合为度，以实效为目的。在创造性地使用教材中，我以为最为重要的内容有三个方面。其一，开发课程资源，资源开发不仅是教师，也要组织和指导学生开发，开发资源的过程正是道德学习的过程。其二，创设教学情境，优化教学过程。创设、优化的核心是让学生成为教学的主体，让他们在情境中体验、探究，在合作中分享，在过程中思考、提升。其三，改革评价方法。尽管课标的评价提出了一些建议，但实践中还需要教师创造性地改革和使用。课标既规范着我们的教学，又引导着教学改革。我相信，新课标将把我们带到一个新的更加开阔的地带，德育课程必定呈现更加生动活泼的局面。

生活德育的坚守与困境的摆脱

生活德育一直伴随着新课程改革，也一直陪伴着教师的课堂教学改革。它已渗透在教育过程中，也深入教师的心里。任何概念、任何理念，到了一定阶段都要回过头来，对其审视一番，重新理解，再次阐释。近两年对生活德育抑或德育生活化的反思，亦是如此。这是一件好事：于学术研究，这样的讨论与反思，可以使学理更清晰、更通达、更深刻；于教育实践，这样的讨论与反思可以使教师更具理性，能够更准确地把握教学内容，教学效果会更好。

讨论只是一种方式。如今，我们讨论生活德育，是为了寻找方式背后或深处的东西。以下一些问题必须明晰。

一、生活德育理念的认知与坚守

生活德育抑或德育生活化，正在改变并将继续改变中国的中小学德育。德育的最大困境仍在于德育知识化的干扰，而非德育的生活化。理论界和实践工作者必须坚守生活德育的主张，在坚守中完善、进步。

长期以来，中小学德育存在着主动性、实效性差的问题，学生不愿意学德育课程，德育实践中知行脱节甚至背离，学生基本道德素养的提高往往止于一种口号或一种要求。这是德育真正的困境、最大的困境。帮助我们摆脱这一困境最关键的是生活德育的主张，以及由此而形成的德育新范式。首先，体现在课程设置上。小学的“品德与生活”“品德与社会”，从课程名称看，亦即从课程的内容定位上，把德育与生活统合在一起。其次，课程标准中对“品德与生活”“品德与社会”“思想品德”三门课程的性质和基本理念作了十分明确的规定。三门课程都是“以学生的生活为基础”，其基本特征都有“生活性”或“实践性”的表述。三门课程的基本理念表述如下：“引导儿童热爱生活、学会关心、积极探究是课程的核心”，“帮助学生参与社会、学会做人是课程的核心”，“帮助学生过积极健康的生活、做负责任的公民是课程的核心”。[①] 这样的定位，促使并保证德育为生活、在生活中进行。最后，新课程实施以来，德育课堂、德育实践发生了十分可喜的变化。学生爱上德育课了，学生比过去主动了、积极了，效果增强了，这样的变化是根本性的。这些都是公认的。当然，中小学德育现状的改变不能全归因于课程的变化，但毋庸置疑，生活德育的提出、践行是变化的核心因素，因为它已不仅是德育课程的理念了，更为重要的是已成为整个德育的理念，成为德育的方向和突破点。

“德育真正的困境并不在于它提出或被冠以怎样的口号，关键是在于其口号之下的真实的德育实践是如何展开的。”[②] 对这样的判断，我基本赞同，但又不完全苟同。“口号之下的真实的德育实践是如何展开的”，的确很重要，因为实践重于口号，内容大于形式。但是没有口号，怎么可能有“口号之下的实践”？一个口号，不只是一句口头语，更是一种思想观念。口号的

① 中华人民共和国教育部．义务教育品德与生活课程标准（2011年版）、义务教育品德与社会课程标准（2011年版）、义务教育思想品德课程标准（2011年版）[S]．北京：北京师范大学出版社，2012.

② 钟晓琳，朱小蔓．德育的知识化与德育的生活化：困境及其“精神性”问题[J]．课程·教材·教法，2012（5）.

变化，其实是概念的变化，是理念的变化。口号往往是思想观念、理念的聚焦，有时口号往往可以成为一面旗帜。而这样的口号所蕴含的核心理念常常可以构建一种新范式。范式的首创者库恩说，任何革命的核心方面之一，就是某些这种相似的“关系改变”了，而“范式一改变，这世界本身也随之改变了”，这是一种革命，“在革命之后，科学家们所面对的是一个不同的世界”。[①] 生活德育，抑或德育生活化，推动了德育范式的转换，推动了中小学德育的根本性变革，不妨把这种根本性变革看作德育的一场革命。这种革命把我国中小学德育带到了一个新的世界。必须从更高的层面深刻认识生活德育的重大意义和价值，不可小视、轻看，更不可忽视、丢弃。不言而喻，“生活德育”这一口号必须坚守。

之所以强调生活德育的坚守，不仅因为其本身的重大意义和价值，还因为我们隐隐约约地感觉到，或者说应当小心预防生活德育，抑或德育生活化，有可能自觉或不自觉地因为反思，因为深究，因为质疑，而悄悄地被否定。假若如此，德育好不容易发生的积极进步，很有可能回到课改以前的状态上去，恢复到那种远离生活、远离活动、以知识传授为主、为应试而存在的德育状态去。显然，这是一种严重的倒退。讨论与反思是必需的，但是讨论与反思为的是对生活德育理论与实践的完善，为的是生活德育在中小学教育中的不断进步。德育生活化困境的性质、摆脱的任务与方法和德育知识化困境是不同的。德育知识化不只是一个困境的问题，而是一个不该掉入的泥淖问题，是一个涉及德育本质的问题，是一个方向性问题，对其不是完善，而是批判与放弃。当前，德育的根本困境仍在于德育知识化的干扰，德育知识化仍占据着德育的主要位置，所以我们的愿景是：进一步摆脱德育知识化的干扰，让生活德育的旗帜永远高高地飘扬在校园的上空。

①［美］托马斯·库恩.科学革命的结构［M］. 金吾伦，胡新和，译.北京：北京大学出版社，2003.

二、生活德育实践的研究与改进

生活德育抑或德育生活化，在学理上还不清晰、深刻，讨论与发展的空间还很大。对其完善的核心是生活中知识价值、道德价值认识的提升，以及转化方式的明晰。生活德育的宗旨是引导和帮助学生过有道德的生活。

生活德育在实践中存在一些亟待研究与解决的问题，这些问题的存在影响着、阻碍着实践的进步，同时反过来也会产生对其理论的不解甚至是怀疑。推动实践的进步，有赖于理论上的进步。《德育的知识化与德育的生活化：困境及其“精神性”问题》一文，以学术的敏感性和深刻性，对德育的生活化作了精辟的论述：“现时代的社会价值导向是有其道德悖论的，生活化的德育恰恰忽略这一点，它关注德育是否具有生活化的形式，却在这种形式中混淆德育应有的价值立场，甚至避免触及道德的崇高价值和理想层面，似乎因为其不具有生活的现实性就与生活毫无关联；它几乎完全遵从一种生活的随意性、自发性。”这段论述是极其深刻的，直抵问题的本质，揭示了德育生活化的要害是“难以观照师生在德育过程中的内在精神冲突”。这篇文章还指出：“如果不能承认道德在其超越层面所具有的崇高、理想性乃至神圣性，缺乏具有深刻自觉性和反省性的、不断交流和对话的价值引导过程，德育便会失去方向、随波逐流甚至被生活湮没。”① 强调道德对生活的超越性，强调道德的理想性、神圣性，强调道德的价值引导过程，无疑十分正确，无疑对生活德育的理论与实践的改进十分重要。

这里有一个问题可以进一步厘清：德育生活化的随意性、自发性，以及功利化、形式化、简单化、平庸化，究竟是生活德育本身的问题，还是生活德育实践中的问题？严格地说，这不全是生活德育本身的问题，而是生活德育实践中产生的问题。因此，不能简单地以实践中的问题来代替命题本身的问题，进而否定命题与概念，否定命题与概念所蕴含和倡导的理念。不过，

① 钟晓琳，朱小蔓．德育的知识化与德育的生活化：困境及其“精神性”问题［J］．课程·教材·教法，2012（5）．

如果命题亦即口号本身的内涵、核心理念、实践路向不是非常清晰、准确，那么实践就会发生偏差，甚至可能会发生异化。我们的主要任务是把两者结合起来，着力研究和改进生活德育的实践问题。我以为要在以下方面进行讨论。

1. 对生活德育有更准确的认识和理解。

生活德育源于生活教育，讨论生活德育有必要回到陶行知先生的生活教育上去。他很早就非常明确地说："生活教育是以生活为中心之教育……生活与教育是一个东西……它们是一个现象的两个名称。"[①] 而且，他还给生活教育下一个定义："生活教育是给生活以教育，用生活来教育，为生活向前向上的需要而教育。从生活与教育的关系上说，是生活决定教育。从效力上说，教育要通过生活才能发出力量而成为真正的教育。"[②] 这一经典定义和阐释，简洁而丰富，浅近而深刻，揭示了生活教育的三个基本要义，即"给生活以教育""用生活来教育""为生活向前向上的需要而教育"。其根本原因，或曰理论基础是"生活决定教育"，其根本策略和途径是"通过生活发出力量"。

不必作过多解释，生活教育的定义以及生活教育的基本要义、理论基础、主要路径都适合生活德育：生活德育就是给生活以道德教育，用生活来进行道德教育，为生活向前向上的需要而进行道德教育。从三个基本要义来看，"用生活来进行道德教育"，主要意蕴在于：生活是道德教育的源泉，让学习者在生活中来体验、享受并吮吸道德的养分；"为生活向前向上的需要而进行道德教育"，主要意蕴在于：创造和享受向前向上的生活，是生活德育的目的，向前向上的生活即可能生活，是对现实生活的超越和创造。三个基本要义是一个整体，互相渗透，互相支撑，不可人为地分割。但是从当前的情况来看，三个要义中，大家往往忽略的是第一层"给生活以道德教育"。意思很清楚，生活是德育的源泉和养分，但其关键是首先给生活以

---

① 江苏省陶行知研究会，江苏省教育学会. 陶行知教育言论集［M］. 北京：科学普及出版社，1998.

② 同上。

教育；为生活向前向上的需要进行教育，其前提是给生活以教育。一言以蔽之，“给生活以教育”是生活德育的核心与关键，即不给生活以教育，生活就不可能真正成为有道德价值的养分，也就不可能创造向前向上的生活。

归结起来，生活德育就是通过给生活以教育，进而用生活来教育，创造向前向上的可能生活，让学生过自主的、积极的、丰富的道德生活，其突破点是首先给生活以道德教育。

2. 给学生以道德教育，要搞清以下问题。

（1）生活中的知识价值，即给道德生活以知识价值教育。生活德育不是否定、排斥知识，相反道德生活需要知识的镶嵌、充盈和支撑，否则道德生活必然会肤浅化、平庸化。当前，生活德育存在的主要倾向，恰恰是对知识的有意规避，误以为一旦涉及知识，德育就会“知识化”了。道德生活中的知识缺失必须引起人们极大的关注，应当鲜明提出：生活德育需要知识教育，需要用知识价值给生活以教育。但是，这绝不是知识的简单回归，而是一种严肃的审视：道德生活中的知识教育究竟为了什么？道德生活中究竟需要什么样的知识？以什么样的方式在道德生活中进行知识教育？如果作一简单的回答，第一，知识教育的目的仍是丰富道德生活，而非知识与生活的脱离；第二，道德生活中需要各种知识，但用亚里士多德的话来解释，最重要的是追求思辨的知识、为着行动而追求的知识，以及为着创作和制造而追求的知识；第三，道德生活中应当以镶嵌、充盈和讨论、对话等方式进行知识教育，具体方法应当在实践中创造。

（2）生活中的道德价值，即给道德生活以道德价值的教育。生活无论是胡塞尔提出的自然世界、逻辑世界、知识世界，还是维特根斯坦对于世界的分类：自然世界、语言世界、逻辑世界，哲学家们都不约而同地提出“逻辑世界”的理念，是因为他们认为世界应该是有秩序的，一切的运作按照规则而来，人的生活应当充满道德判断和意义。生活的田野芜杂、五味杂陈，不是所有的生活都应让学生去过，所以陶行知先生早就指出：“品德养成之要素是在一举一动前所下的判断。我们问题中之最大问题，是如何引导学生于一举一动前能下最明白的判断。”[①] 他又进一步说：“每天的一举一动，都要引导他到最高尚、最完备、最能永久、最有精神的地位，那方才是好学生。”[②] 一举一动前的判断，最高尚、最完备、最永久的引导，为的都是让学生在生活中拥有“最有精神的地位”。这样的判断和引导是道德价值的判断和道德的引导，这种“最有精神的地位”的生活是道德生活，是可能的道德生活。可以说，陶行知为生活德育中的道德价值，用道德给生活以教育提供了思想引导和实践方法。

三、教师的创造与生活德育困境的摆脱

生活德育抑或德育生活化的关键，是教师专业水平的提升，尤其是自身的道德修养、对生活德育的理解、道德智慧的生长，以及实践中具体方法的探索与创造。

真正的德育发生在课堂里、校园里、生活中，教师是课堂教学的设计者、组织者、创造者，是校园的规划者、学生活动的组织者，是生活的主人，是学生生活的关怀者、帮助者、引导者。生活德育的主要践行者是教师。生活德育最终能不能真正有效实施，能不能准确落到实处，能不能健康、深入地持续发展，教师是关键因素。从某种角度说，在生活德育的理论、路径基本明晰以后，有什么样的教师就会有什么样的生活德育，甚或有什么样的德育。

教师是生活德育困境的真正解决者。生活德育的讨论，不能忘掉教师。其实，生活德育实施以来，教师已从以往的“沉默的大多数”，变成了最有话语权的实践家和创造者。

简要地说，生活德育的践行，教师首先要较为深入、准确地理解生活德育。教师的理解力影响着教师的判断力和践行力，有什么样的理解，就有

---

① 江苏省陶行知研究会，江苏省教育学会．陶行知教育言论集［M］．北京：科学普及出版社，1998.
② 同上。

什么样的行动。而理解力来自学习力，来自对生活德育有关理论的阅读、讨论、思考，来自对生活德育案例的学习、分析、借鉴。现在看来，当前教师对生活德育的学习、理解是很不够的，因此发生偏差甚至产生错误。

教师要在生活德育的实践中生长自己的道德智慧。智慧本身就关乎道德，苏格拉底曾经说过：每个人把自己的希望系于灵魂，而要让灵魂善起来，灵魂必须系于智慧。他的弟子色诺芬直截了当地说：美德即智慧。智慧的生长是道德的生长。此外，道德关乎能力，能力是智慧的载体，生长自己的道德智慧，必须培养、增强自己的能力。生活德育的践行，需要教师不断锻造自己的课程，提高教学设计能力、组织实施能力、评价能力、资源开发能力，以及对道德生活的辨别、选择、整合等能力。道德智慧还关乎对生活的敏感、处理问题的艺术。一个对生活没有情趣、缺乏敏锐的教师，不可能成为优秀的生活德育践行者。因此，必须始终把教师的道德智慧置于教师专业发展的重要地位。

无论是对生活德育的理解，还是道德智慧的生长，都关涉教师自身的道德。一个在伦理上有考虑的教师首先是一个道德教师。道德教师的道德，应当是爱心、童心、平等心、平常心，以及爱心、童心、平等心、平常心所指向的创造性和创造能力，因为道德生活是创新的生活，是需要创造的。

常有教师希望专家为他们的实践“支招”，这没错。不过，我很无能（当然我不是专家），常敷衍地说：你们去创造吧。现在回过头来看一看，这话也不无道理，因为具体的办法真的是在实践中，教师是最有实践智慧的，相信他们会为生活德育提供最丰富的经验、做法和案例。

生活德育：人格教育的基础

我们永远景仰、怀念陶行知先生，因为他是“永远”的。

是什么让陶行知“永远”？是他所创立的生活教育、创造教育，是他倡导的真教育、活教育，是他推动的民主教育、平民教育……让我们内心永远充溢着追求教育理想和本真教育的温暖。这些至今都写在中国的教育史上，熠熠闪光。不过，我总觉得在这些“教育”以外，陶行知还用什么影响着、引导着我们？抑或说，这些“教育”的内核是什么，是什么支撑着这些“教育”？仔细想想，还是他的两句话：“爱满天下”，“捧着一颗心来，不带半根草去”。这是陶行知的人格，用他自己的话来说，学生一定要有“坚强的人格”。他又对“坚强的人格”作了进一步解释，他认为人格的基础是道德。“道德是做人的根本。根本一坏，纵然你有一些学问和本领，也无甚用处。并且，没有道德的人，学问和本领愈大，就能为非作恶愈大。”因此，“我们每天要问的是，自己的道德有没有进步？进步了多少？”他曾代表乡村儿童向全国乡村小学教师及师范生送上一个总请愿：“不要你的金，不要你的银，只要你的心。”这心是爱心，是真心，是道德之心，是比金比银更宝贵的人格。今天，我们怀念陶行知，研究并践行陶行知教育思想，如果不深深触及他的道德教育理论、他的德育观，是远远不够的，而且是有缺憾的。

今天，我们挖掘陶行知的德育观和他的道德意义，还有特殊的价值，因为我们面临着道德和道德教育的困惑。其原因很复杂，但不可否认，其中的关键是，我们没有搞清楚，是需要市场经济呢，还是需要市场社会呢？美国政治哲学家、哈佛大学教授迈克尔·桑德尔说："市场本身是工具，而不是价值。""在创造繁荣的努力中，市场社会出现的危险是，市场价值观渗透到生活领域中，而这些领域本来应该是由非市场的价值观来主导的。"我们需要找回失落了的"非市场的价值观"，绝不能让社会市场化。

"非市场的价值观"，首要的是道德。赫尔巴特说得相当精辟与透彻：道德普遍地被认为是人类的最高目的，因此也是教育的最高目的。在最高目的的引导下，我们追求真，追求美，把真、善、美统一起来。值得注意的是，陶行知从未困惑过，他一直坚守着"非市场的价值观"。他以最朴实的话语道破最深刻的道理，"我们深信最高尚精神是人生无价之宝，精神是不靠钱买的，精神是在我们身上"。回过头来看一看，无论是真教育、活教育、生活教育、创造教育，还是民主教育、平民教育，核心是道德教育，是用道德这一"非市场的价值观"来主导教育，进而去主导社会。缺失道德，谈何教育的真与活，生活教育与创造教育也必然迷乱方向，当然也就谈不上教育的民主，平民教育定会成为一种虚妄。即使是市场经济，也首先是道德经济，所有的企业首先是道德企业，教育更应如此。陶行知以"道德是做人的根本"，拨正了教育改革与发展的航向，永远的道德教育成为培育人最高尚精神的教育，成为真正的良好的教育。这正是陶行知给我们的"永远"的思想瑰宝和精神财富。

陶行知把道德教育聚焦在人格教育上，并且提出了"人格防"和"人格长城"的概念与命题。陶行知的人格教育是一个体系。在这一坐标体系中，纵坐标是"真教育"，横坐标是生活教育，汇集在人格培养上。说到真教育，自然情不自禁地吟诵起："千教万教教人求真，千学万学学做真人。""真教育"之真，一要真实。陶行知说："让真理赤裸裸地出来和小孩子见面，不要给它穿上天使的衣服，也不要给它戴上魔鬼的假面具。你不可以……把

‘真理’监禁起来或者把它枪毙掉。教师只能说真话，说假话便是骗子。”陶行知的意思还在于追求真实，追求真理需要勇气，“一口气把歪曲真理的黑云吹掉”。二要真心。陶行知揭示了真教育的实质：心心相印。“唯独从心里发出来，才能达到心灵的深处。”这与雅斯贝尔斯心灵呼唤心灵的意思一样，但又自然融入了中华民族的文化感悟，形象、生动地教我们把自己的心永远贴着他人的心。从心出发，心里发出来的定是真诚的，定是互相启发的。陶行知强调真实与真诚，并不否定对真理、对正确价值观的守卫。事实上，有些人对“真”的把握远离了道德价值的判断与引领。《中国青年报》载，济南一名小学四年级学生的作文引起了社会各界的关注。该学生以“钱，我的最爱”为题，写道：“有人说钱乃身外之物，简直就是屁话。没有钱，你怎么吃饭？没有钱，你怎么穿衣？没有钱，你住哪儿？没有钱，你怎么看病？”据说，校长给这篇作文评了“一等”，理由是“真实，不虚伪”，网友也称这个小学生“真诚，不做作”。是的，这位小学生说了心里话，问题的实质在于真实的是否就是真理，真诚的是否就要摒弃正确价值引领。答案当然是否定的。问题不在孩子也不在学生，而在于我们成人和社会如何以真诚之心帮助学生进行价值澄清，绝不能由市场价值来主导，否则就会如迈克尔·桑德尔所说，这是“非常危险的”。

陶行知的人格教育坐标体系中，横坐标是生活教育。陶行知所倡导的生活教育，核心理念是“生活是教育的中心”，“从定义上说，生活教育是给生活以教育，用生活来教育，为生活向前向上的需要而教育。从生活与教育的关系上说，是生活决定教育。从效力上说，教育要通过生活才能发出力量而成为真正的教育”。生活教育的理论至今都在指导着课程改革，“品德与生活”“品德与社会”课程的设置，就是生活教育、生活德育的重要体现，即使是语文、数学、科学等学科，都“不约而同”地把教学与生活联系起来。课改的实践生动地说明，教育远离生活，必然贫乏、平庸、冷漠，也必然无生动、活泼、有效的德育。生活德育的本质，陶行知揭示得非常清楚，让教育从书本的到人生的，从狭隘的到广阔的，从字面的到手脑相长的，从耳目的到身心全顾的。尽管教育与生活不能等同，不能“零距离”，但是如果以此为理由，而否定、排斥生活教育、生活德育，却是值得警惕的。假若如此，教育、道德教育将会回到课改以前去，将会回到知识德育、口头德育、“应试德育”上去。从生活教育出发，陶行知强调“品行养成三要素是在一举一动前所下的判断”，“每天的一举一动，都要引导他到最高尚、最完备、最能永久、最有精神的地位”。翻开陶行知创办的育才学校的史料，我们会看到具体、细致的育才学校规范，会场中、师生间、同学间、师生工友间，穿衣、饮食、居住等，对学生的一举一动都有明确要求。学生的人格正是在生活的严格训练中逐步养成的。“人格长城”在真教育与生活教育的坐标中筑就而成。如此，陶行知的人格教育当然是“永远”的。

第三辑

以道德的方式

教育不只是传授最有价值的知识，还在于用道德方式和道德意义的生长。舍弃道德方式和道德意义就不是真正的教育，更不是良好的教育。

道德，课堂上的一面旗帜

故事是这样的。

美术课结束了，空空荡荡的教室里只剩下小女孩瓦士缇。她正骑在椅子上，下巴搁在交叉的手臂上，眉毛竖得高高的，一副生气的样子。课桌上静静地摆着一张白纸、两支画笔和一个文具盒。哦，原来她正在为画不出来生气。学科教师弯下腰看了看那张白纸，让瓦士缇再努力一下。瓦士缇抓起笔，在纸上狠狠地戳了一个小小的点，随后签上了自己的名字。一周以后，当瓦士缇走进美术教室的时候，惊讶地发现老师办公桌的上方挂着一样东西：一个小小的点——是她画的那个点！老师还用波浪形的金色画框装饰了起来。瓦士缇心想："哼！我还能画出比这更好的点！"她打开了从没用过的水彩颜料，涂啊涂，用了好多种颜色画出了好多个点，还画出了更大的点。几个星期以后，在学校举办的画展上，瓦士缇的点引起了轰动……

把故事读了几遍，我想起了雅斯贝尔斯的话：在教授读、写、算知识和技巧的时候，精神生活同时展开。在美术课还没有让瓦士缇掌握具体画画的知识和技能时，她却进步了、成功了。故事的结尾是这么写的："小小的点，点燃了瓦士缇的信心和勇气。让一切梦想和成功从这个'点'开始吧！"

从这个“点”，我仿佛看到课堂上空的一面旗帜，上面写着“道德”两个字。

是的，道德是课堂上空飘扬的旗帜。

课堂，无疑需要教师的智慧。但智慧的内核是道德，即真正的善或善的理念，比知识和真理还要珍贵。当然，道德课堂并不排斥知识，而是要将知识转化为智慧，这是以道德的方式展开的过程。

道德营造了良好的教育生态，让师生关系走向民主、和谐、合作。

让道德意义在课堂里流淌

无论是理论还是实践，都明确地告诉我们，教学不仅承担着传授知识、发展知识的任务，也承担着进行德育培养学生良好思想品德素养的任务。立德树人的根本任务要在各科教学中落实，这是毋庸置疑的。由于德育总是伴随着知识学习，总是渗透在知识学习的过程中，很容易被轻慢，有时甚至被忽视，因而难度更大。正因如此，如何在各科教学中落实立德树人的根本任务，尤其要引起格外的关注和进行深入的研究。

一、学科教学中立德树人的现状分析

我们欣喜地看到，课程改革以来，各科教学十分注重学生情感、态度、价值观的教育，而且通过各种方式，把情感、态度、价值观的教育与知识、技能及过程、方法结合起来，体现出课程的功能，促进了立德树人根本任务的落实。实践中，大家还努力从学科的特点和实际出发，采用了各种方式方法，探索了不少鲜活的经验。总之，各科教学在立德树人根本任务的落实中，发挥着越来越重要的作用。

不过值得注意的是，当我们深入观察不难发现，各科教学中的德育还存在一些问题和缺陷，与立德树人的要求还存在一定的差距，主要表现在以下几个方面。

其一，立德树人的意识比较淡薄。从总体上看，与知识教学相比较，思想品德教育仍处在失衡、失重的状态。比较普遍、突出的现象是，重智育轻德育，重知识的考试轻思想品德的考查，重分数的多与少轻思想品德素质的提升。这种现象的存在，说明各科教学还没有真正把思想品德教育摆在应有的位置。显然，这影响了立德树人这一根本任务的落实。究其原因，固然与传统的教学观念有关，更与应试教育的严重干扰有关。应试教育忽略、排斥思想品德的培育，它是最不道德的教育。落实立德树人的根本任务，必须坚定地改革以应试、升学为主要标准的评价制度和方法，解除教师的担忧和纠结，让他们大胆地在知识教学中加强思想品德教育。

其二，根据学科特点进行育人的能力不强。各学科都有自己独特的性质和功能，在落实立德树人根本任务中担负着不同的任务。但是学科的独特性并不否定与排斥思想品德教育这一共同任务。相反，对我们的挑战恰恰是如何根据学科的独特性，探索、寻求立德树人的特殊规律和特点。如果各学科都能明晰自己的独特任务、视角和方式，就会在课程改革中全面地落实立德树人根本任务。其实，各学科的课程标准对此都有明确的规定和要求，问题是如何在课程开发、教学目标设定、教学活动设计、课程资源利用以及考试评价中加以落实，同时也应对课程标准、教科书加以完善。比如，品德与生活、品德与社会、思想品德、思想政治课程都十分强调学生在生活中学习、探究、体验，这一理念是正确的、先进的。事实上，与中小学学生生活结合，尊重他们的经验，选用与他们生活关联紧密的材料进行思想品德教育，效果十分明显。但是如何对生活素材进行提炼，如何在生活中凸显思想品德教育，如何加强革命传统教育、中华民族优秀传统文化教育，教材呈现方式既要生动活泼，又要注重思想品德教育的因素以及思维的含量，等等。

这都需要进一步研究和改进。又如，语言文字的学习运用，无疑是语文学科的独当之任，但是语言文字是离不开思想和道德的，应当把思想品德教育融合在独当之任中，不能让独当之任成为“孤独之任”。因此，工具性与人文性的统一，文以载道任务完整而准确地把握，必须继续引起极大的关注，这些既关涉到意识问题，也关涉到能力加强问题。

其三，各学科立德树人根本任务缺少整体性的建构和制度保证。尽管各学科从不同的角度采用不同的方式加强德育，但是绝不意味着各自为战。课程结构具有整体性，课程的整体性必然要求各学科的德育也应有整体性的思考和建构，而各自为战必然造成学科之间德育力量的分散、德育内容的重复和缺失，也会造成育人功能的脱节和分割。事实上也是如此。课程标准在修订中，已从综合的角度注重了各学科间的衔接和统整，但仍然还有不少有待完善和加强的地方。因此，各学科的统筹，增强综合育人的功能仍是当前一个十分突出的问题。解决这一问题，需要大家继续增强育人意识，也需要制度的保证，还需要从课程标准与教学过程的统整上继续努力。

二、学科统筹中立德树人的核心理念

如上所述，学科统筹要有制度、方法、技术保证，但是更为重要的是确立核心理念和明晰基本要义。核心理念的确立，可以让我们有更高立意的追求和引领；基本要义的明晰，可以让我们有共同规则可遵循以及在基本要义下有更丰富的创造。这样，统筹就有了方向，有了核心。

教育不只是传授最有价值的知识，还在于用道德方式和道德意义的生长。舍弃道德方式和道德意义就不是真正的教育，更不是良好的教育。教育总是伴随着价值，价值教育是教育的题中应有之义。舍弃价值教育，教育也会丢失理想。教育的价值、价值教育是必须引起大家足够关注的问题。因此，教育首先是道德事业，这已成为一个无须争论的共识。从这一基本认识出发，我们应当形成以下一些核心理念，并以这些核心理念来推动并保证学科教学中立德树人的落实。

核心理念之一：所有的课堂都应当是道德课堂。所谓道德课堂绝不是指德育课程的课堂，而是包含以下意思：首先，所有课堂都必须以思想品德教育、价值观教育为最高目的。赫尔巴特曾说，道德普遍地被认为是人类的最高目的，因此也是教育的最高目的。这一切要聚焦在教学目标上。爱因斯坦曾用“完善的方法和混乱的目标”来刻画所处的时代。的确，现代生活的复杂性，使得什么是真、善、美，什么是正确的和什么是可取的等问题变得如此“混乱”。这种状况无疑也会进入课堂，使教学产生一些困惑。正是在这样的状况下，以社会主义核心价值观为引领，把学生思想道德发展的目标落实在教学目标中，使之清晰起来、坚定起来，就显得更为重要，也更为紧迫。其次，道德课堂要创造各种教育情境，让学生进行道德判断和价值澄清。道德判断就是要引导学生从知识学习中发现道德意义，价值澄清则是要引导学生从多元文化现象中自主选取正确价值，并联系自己的生活，分析各种现象，进而去追求美好、追求崇高、追求理想。因此，道德课堂引导学生过一种道德生活，让道德意义在课堂里流淌，让社会主义核心价值观在学生心灵里开始萌芽。可见，道德课堂是超越学科的，是所有学科教学、所有课堂共有的追求和共同的特征。倘若如此，教学中立德树人任务的统筹，将会达到一个新的境界。

核心理念之二：所有教师都应当是道德教师。与道德课堂一样，道德教师是超越学科的。其含义首先是，教师具有良好的道德修养，有崇高的师德。教师专业标准中明确规定，教师应当以师德为先，在教育教学中，对教育有正确的理解和把握，拥有对学生发展有用的知识，对学生具有正确的态度和行为。一些先进、模范教师把师德概括为有爱心——爱所有学生，让爱走在教育的前头，让爱成为教育的力量和教育的方式；有童心——成为长大的儿童，贴近儿童的心灵，倾听儿童的声音，了解儿童的真实需要，真切把握儿童身心发展的脉搏，以爱心触及童心，让儿童创造之心飞扬；有平等心——平等地看待每一个儿童，特别关爱有特殊需要的儿童，相信他们的潜能，鼓励他们进步；有平常心——把握教育规律，同时把握儿童身心发展的规律，还能把握儿童发展的节律，让每一个儿童按照自己的方式自主发展。这样的道德教师才可能自觉地去发挥学科的育人功能。其次，教师以道德的方式开展教育教学活动。道德的方式是尊重学生的方式，尊重学生的个性特点，尊重学生的发展需求；道德的方式是吸引人的方式，从学生的特点出发，以生动活泼的方式进行教育，让学生快乐学习、健康发展；道德的方式还是文化的方式，让学生浸润在文化中，陶冶情操，培育健康心灵，从多元文化中汲取丰富的营养，以文化引领学生的道德发展。不可忽略的是，道德的方式并不排斥严格的要求、必要的批评，恰恰是严格要求和必要批评，让学生有明确的道德判断和价值澄清。道德方式必然使各学科教学更具道德感和道德意蕴。最后，从学科的性质和特点出发，有效地进行思想品德教育。从本质上说，学科教学本身就蕴含着丰富的思想品德教育的因素，加强学科的育人功能，不是渗透而应是开发，开发体现了自主性。所以，学科教学中的德育不应是附加式的渗透，而应是深度的开发，是思想品德教育与知识教学的自然融合。当教师都成为道德教师的时候，学科德育的加强及其统筹就有了可靠的保证。

核心理念之三：让学生自主地进行道德学习。教学的本质应当是以学生学会学习为核心，教学过程是学生学习的过程。同样，思想品德教育也应是学生的道德学习。所以，所有学科教学中的育人应当走向学生的道德学习。首先，道德学习具有自主性。道德学习从教师讲授、学生被动接受转向学生自主地学习、探究。积极、主动地学习让学生逐渐成为思想品德教育中的主体。其次，道德学习具有实践性。学生将道德认知、道德情感状态置于实践活动中，把道德认知与道德实践结合起来，将道德情感真实自然地渗透、融合在道德实践中，克服了认知与行动的脱节。再次，道德学习具有探究性。道德学习引导学生在生活实践中，对生活、社会、自然、世界进行探究，在探究中澄清价值，在判断中选择。最后，道德学习具有体验性。道德学习是学生体验的过程，在亲身体验中，对良好的道德品质有切身的感受和感悟，这种感受是真切的，感悟是比较深刻的。当教师将自己所任教学科中的思想品德教育转向道德学习的时候，思想品德教育就会逐步摆脱灌输，而成为一种主动的行为，育人目标就会得以落实，立德树人根本任务就会落实其中。

用道德的方式进行道德教育

“古语值千金，天地鉴人心，一个道理传古今，要做道德人。”《四德歌》里的歌词朴素而深刻。中华优秀传统文化蕴藏着无比丰富的道德教育的宝藏，它主要是培养德性的文化，其核心就是教我们如何做人，做一个有道德的人，过有道德的生活。把道德教育深植于中华优秀传统文化，从文化宝库中开发道德教育的元素，让一句句古语、一个个做人的道理传承下来，并与开放的时代相结合，建构具有中国特色的社会主义德育体系，是现代中小学德育的重大命题。“文明基因・孝诚爱——中小学生‘四德’教育普及读物”丛书（以下简称“四德教育”丛书），正是坚守并践行这一信念，对当今的德育作了积极探索，回应着这一命题，给我们许多重要的启发。

在诸多启发中，寻找适合的道德教育方式，对我们有特别大的启发。和所有的教育一样，道德教育需要方式。道德教育的方式是道德教育的重要组成部分，它应当具有道德教育的意义和作用。进一步说，道德教育方式本身就是一种道德教育，有什么样的道德教育方式就会有什么样的道德教育，就有什么样的道德教育效果。因此，改革中小学德育，必须变革德育方式，甚或变革德育方式可以作为改革中小学德育的切入口和突破点。“四德教育”

丛书，正是在变革德育方式方面作出了探索，而且是有效的，为我们提供了一个样本。

一、道德教育方式应当是人与人之间相互尊重、进行对话的方式

尊重是人性的起点，是道德的起点，当然也应是道德教育的起点。而尊重的内核是对人的信任。中小学德育应当从尊重学生、信任学生开始。当下的中小学学生面对着一个文化、价值多元的世界，常常产生道德和价值困惑，以致产生道德和价值迷乱，中小学德育也往往陷入困境。产生这样的状况是正常的，我们应当重视，应当警惕，但不应因此而丧失信心。中小学学生的内心总有向上向善的愿望，他们渴望进步，也时刻关注着人类的进步。事实也正是这样。“四德教育”丛书中有孙奉岩以残疾之躯十年还清父母遗债的故事，有汶川地震中学生互相关心、帮助的故事，这告诉我们，中小学学生有着道德发展的可能性。尊重他们，信任他们，并以此为前提，以对话的方式进行教育，一定会逐步实现教育的目标。可以说，尊重、信任、对话，犹如道德教育的一道阳光，会唤醒学生的耳朵，唤醒学生的心灵。

二、道德教育方式是在坚持以学生为主体的理念下运用的方式

德育以谁为主体，不仅是个理念问题，也是个方式问题。主体一定是人，但人不一定是主体，只有当人成为活动的发出者、参与者、创造者的时候，才是主体。因此，应当以一定的方式，引导学生参与到德育过程中来，让他们设想、设计，自己去探究、体验，主动地去改变，并在反思中去创造。这样的方式才可能使学生真正成为德育的主体，成为德育过程中的主人。“四德教育”丛书，自始至终都是以学生为主角，向他们讲述，让他们倾听，引导他们去思考，一个个故事、一个个案例，处处可以看到他们的身影，听到他们的声音。书中，“孩子，我为你的诚实而高兴”这样的标题虽然只出现一次，但书中处处都是这样的语句和语气：“孩子，我为你的……而高兴”，“孩子，我为你的……而自豪”。这样的话语方式，唤起了学生的自主性、积极性

和创造性，让他们主动地走到了德育的主体地位上。

三、德育教育方式应当是文化的方式

德育教育应当植根于文化土壤中，以文化为背景，还应当以文化的方式来进行教育。文化的方式是浸润、熏陶的方式，不是说教，也不是简单的告诉，是吸引人的方式，而不是强制的方式。文化方式中常常用的是启发的方式。在“勿以善小而不为”的主题中，一开始就提出了极富思考性的问题：“当我们看到马路上的红灯，是否能够停下来？当我们与他人约定好时间，是否总是努力做到守时守信？当我们洗漱完毕时，是否关注过水龙头有没有拧紧？……”一句句提问，创设了一个个情境，浸润在情境中才会有真切的体验和感悟。文化的方式往往用“复数”的名称，因为文化是复数，而不是单数。丛书中，有不少“我的……”表述，“我”不是某一个具体的人，而是一个群体，所以丛书又常常用“我们的……”从“我”到“我们”，引导学生形成共识和集体性记忆。

四、道德教育方式要有良好的结构，良好的结构带来教育方式的多样

丛书的每个主题都是以这样的结构来展开：“过目难忘”——故事的叙述，情境的再现；“心中有数”——对故事、案例进行分析，有具体的数字，也有可供选择的问答；“学而习之”——通过阅读、游戏等活动，围绕主题让学生进一步去探究、体验；“融会贯通”——适当的拓展性阅读和活动，可对主题有较为深度的理解，并对生活中的类似问题独立思考，想办法解决。这样的结构本身渗透着各种方式，循循善诱，层层深入，而且中小学学生喜欢。

道德教育方式充满道德意义，用道德的方式进行道德教育，仁德、孝德、诚德、爱德才会进入学生的心灵，成为嘉言善行。

教学的道德判断与道德维度的建构

当下，我们正听从基础教育课程改革的召唤，并且“召唤”着课堂教学改革进入课程改革的核心位置。课堂，好比是高速公路的入口处。但是，长期以来，这一入口处建造得很不理想，甚至有的并不是把学生和教师导向高速公路，有时虽收获了“知识”，却丢弃了比知识更为重要的东西。这比知识更重要的东西是什么呢？江苏省邗江中学认为是道德。他们在鲁洁教授和南京师范大学道德教育研究所的指导下，提出“道德课堂”这一重要命题。在知识统领课堂教学、“非道德”逐步侵漫的今天，“道德课堂”有着一种穿透教育改革的力量。我们要正确解读“道德课堂”。

一、课堂，必须用道德维度来审视、改造和提升

不可否认，我们一直关注着课堂教学，但是长期以来我们着力关注的是什么？是知识、分数，是知识和分数背后的应试。本应着眼“人”的发展和丰富多彩、充满生命活力与情趣的学习过程和校园生活，被简化为见分不见“人”的特殊认识活动，这种以牺牲心灵的自由成长与创造达到某种抽象、

僵化的教学目标的课堂教学，是违反了道德精神的。[①] 的确，当知识置于教学统领位置时，它是一个蹩脚的、错误的向导。

也不可否认，知识、分数和应试的能力是教学的一个目标，但这只是工具性目的。任何盟约性关系的根本基础仍应当是道德性的。[②] 课堂教学实际上是教师与学生的一种“盟约性关系”，其根本基础应当是道德性的，失去这一根本基础，“会使我们变得残忍，对他人漠不关心”。由于道德从我们的生活中被剥离出来使我们脱离道德这一过程……我们的文化已失去目的性。[③] 显然，我们必须关注道德维度，必须用道德维度来审视、改造并提升课堂教学。

1. 关注道德维度就是关注教育的本义。教育“通常是指一个人或一群人以道德上可以接受的方式善意地对另一个人或另一群人施加的积极的心理影响”[④]。倘若内容是有价值的，倘若在方式上是合乎道德的，就可称为教育，或才是教育。杜威在其教育信条中说：“我相信，唯一真正的教育，来自儿童受到自己所处的那种社会情境的各种需要对儿童能力的刺激。这种刺激因为儿童需要，又让儿童自己感受到，即方式上是道德的，因而是一种‘教育’。”从这个角度上说，教育概念表达的是一个“道德概念”。道德课堂，就是用道德的方式进行教与学，它呈现和展开的是课堂的道德意义。

2. 关注道德维度就是关注教育的目的。教育目的有不同意义上的划分，但几乎都把德育置于教育目的的最高层次。康德说，“教育……，最终以发展儿童向善的倾向，使之成为道德的存在为目的”。赫尔巴特认为：“道德普通地被认为是人类的最高目的，因此也是教育的最高目的。”杜威更明确地指出：“道德目的应当普遍存在于一切教学之中，并在一切教学中居于主导地位。”因此，我们不难得出这样的结论：道德课堂必须关注道德这一最高目标的实现，必须关注道德目的在课堂教学中的主导地位。

---

① 何云峰．道德课堂：唤回生命的美丽［J］．江苏教育研究，2005（2）．
②［美］托马斯·J·萨乔万尼．道德领导：抵及学校改善的核心［M］．冯大鸣，译．上海：上海教育出版社，2002.
③［英］R. W. 费夫尔．西方文化的终结［M］．丁万江，曾艳，译．南京：江苏人民出版社，2004.
④ 黄向阳．德育原理［M］．上海：华东师范大学出版社，2000.

3. 道德课堂不仅是德育的概念，更为重要的是让课堂具有道德意义。毋庸置疑，道德课堂要把道德培养贯彻教学始终，这样的课堂才是道德课堂。但是，道德课堂从本质上是对课堂教学的一种道德价值判断，而判断的主要尺度是课堂教学的内容有无价值，方式是否道德，展开过程中人处于何种地位，即注重课堂教学过程本身的道德性。长期以来，我们对课堂教学中司空见惯的“非道德”缺乏认识，在教学过程中道德被无情地剥离，甚或丢弃了这一根本基础。只有用道德才能驱散课堂教学中的疑虑和困惑，摆脱课堂教学中的伦理困惑及“非道德”的干扰，构筑以学生发展为本的课堂，“让每一课都渗透出道德的清香”[①]。据此，邗江中学对课堂和道德课堂作出了一个非常好的解释:“课堂是指人生一段重要的生命经历，是他们生命的充实与展开的过程。”“道德课堂就是让教育者用道德的方式去从事教育教学。”这种解释既是科学的，又是道德的。

二、道德课堂的前在假设

任何一项微观改革都离不开宏观改革的背景及其支持。道德课堂的提出及研究，与我们国家的核心主义价值观、教育改革观及课程建设观紧紧联系在一起。从某种程度上看，道德课堂具有超越课堂教学的意义与价值。同时，在宏大背景下，我们也不难寻找到道德课堂的前在假设。

1. 道德课堂的人性假设。

道德课堂基于对课堂及教学的认识。课堂及教学不仅是一种认识性的实践，更是人与人所组成的一个意义世界，是在这个意义世界中人与人的关系、人所处的地位及人所从事的活动。非道德课堂的本质是“人学空场”，而道德课堂是让学生和教师“得到唯独人才有的一种最高享受”。其根本假设是对人性的假设：人都有向善的倾向，学生的精神成长总是向上的，因此教育应以培养学生的向善倾向为目的，以学生发展为本的理念，在道德课堂

① 何云峰．道德课堂：唤回生命的美丽［J］．江苏教育研究，2005（2）．

里将体现得最为真实、最为充分。这种人性假设有如下关键词。

“人”。以学生发展为本，首先把学生当作人，即尊重和呵护学生作为人所具有的基本属性，诸如整体性、超越性等；尊重和捍卫学生作为人应具有的权利，诸如参与权、选择权等。把学生当作人，满足人发展的需要，才是最大的道德，否则是最大的不道德和反道德。

“未成年人”。未成年意味着学生在发展过程中，具有不成熟性，也具有不确定性。看待学生，实质上就是看待和对待不成熟性和不确定性，态度不同、方式不同，透露出了教育是否具有道德意义。善待不成熟性和不确定性，才是道德的。

“尊重”。尊重是人性的起点，尊严是人性中最宝贵也是最脆弱的成分。道德课堂要从尊重学生做起。“尊重”将会产生宽容、鼓励、等待、信任、引导，当然也会出现优秀、成功、成人与成才。

“自由”。自由是创造的保姆，是道德的守护神。道德课堂追求的是要让学生的生命成长处在自在、自由、舒展的状态中，追求思维的自由和思想的自由，在课堂教学中绽放人类最绚丽的花朵。

道德课堂的人性假设，说到底就是让学生有尊严地生活着。

2. 道德课堂的生活假设。

“道德发展只有通过学生的课堂生活才能实现；回归生活的道德课堂才是真正综合的。”[①] 的确，课堂教学是生活的组成部分。课堂教学就是一种生活。当课堂教学引领学生经历生活时，才能回归教育的真义，追索教育的崇高，因而才可能成为道德课堂。道德课堂的生活假设有如下关键内容。

道德课堂是教师和学生正在过着的一种生活。因此，关注学生在课堂的学习态度、学习方式、学习习惯，实质上就是关注学生的生活态度、生活方式、生活习惯以及生存状态。道德课堂首先要着力提高这一领域的生活质量，让学生真正地生活着，而不只是“生着”“活着”。

道德课堂是扩展了的生活。邗江中学把课堂界定为三种课堂：教学的、

① 何云峰. 道德课堂：唤回生命的美丽［J］. 江苏教育研究，2005（2）.

校园的、社区的；把生活界定为三种生活：学习生活、交往生活、日常生活。这些界定尽管要斟酌，但其主旨是拓宽学生的生活，让他们在丰富多彩的生活中经历、体验和接受。

道德课堂是“意义”层面与生活的联系。所谓意义层面，是经由知识为中介的，是经过改造的，因而是优化的。如此，在引导学生生活时需要辨别、选择、改造，而辨别、选择、改造的过程本身就具有道德价值和创造价值。

基于课堂教学是一种生活的假设，道德将会从悬置状态回落到学生的生活中，从剥离状态回归到学生的学习过程，进入学生的世界和心灵，因而使课堂和教学生发道德意义。

3. 道德课堂的质量假设。

道德课堂不是放弃质量，相反追求的是真质量和高质量。邗江中学的预设质量是：学习性质量——为学生的终身学习奠基；发展性质量——为学生的终身发展奠基；生命性质量——为学生的终身幸福奠基。这是质量观的变革和进步。这种质量假设有如下关键内容。

教育质量应在生命性质量的观照下。道德课堂首先关注的是生命性质量。因为课堂是生命过程中的一段经历和体验，课堂教学是让学生得到一种享受。生命性质量是质量结构的核心，是上位的质量，是提高教学质量的前提。生命性质量主要是幸福的指数，而幸福在于自己的体验，是生命力的开发、创造力的展开。

生命性质量观照下的平衡。平衡也是一种道德价值判断，是对事物本质的把握。平衡本身就是一种质量。一是文化知识基础与发展性质量的平衡。知识可以生成能力，可以促进发展。但是不能囿于知识，要在发展和创新的理念下打好知识质量基础。丢掉知识，道德可能会失去载体，严格来说是不道德的。二是快乐与刻苦的平衡。只求快乐，甚至把快乐当作轻松，排斥刻苦，则不是真正的质量。让学生痛苦不道德，让学生只会享受也同样不具备崇高的道德意义。三是自由与责任的平衡。责任的承担、信诺的兑现、义务的实施，是一种责任。培养学生道德责任应是道德课堂追求的质量。

假设其实是一种目标的预设，因而是美丽的。道德课堂的前在假设使道德课堂充满理性的阳光，显得更加美丽，更具魅力。

三、道德课堂是一个开放的系统

道德课堂的构建有两个面向，即理念面向和技术面向。理念面向是道德课堂构建的关键，亦是道德课堂的最高境界。在理念确立后，可以创造出技术、工具、操作路径等。我以为，不能让道德课堂技术化，要注重道德课堂的开放与创造。

1. 道德课堂并不意味轻慢教学和其他任务的价值，更不排斥也不包办课堂教学的其他任务。朱小蔓教授说，“必须强调和保证学生在思维品质上的创造性特征和人格品质上的道德性特征，取得内在的一致性或内在的一体性。唯有这种一致性或一体性的‘人’的培养才是课程的核心目标”。道德课堂就是在开放的状态下，去追求课程目标的完整性，不可误以为道德课堂可以代替课堂教学的一切。

2. 道德课堂有模式，但更是一种境界。即使是模式，亦应因学科因人而异。只有从实际出发，道德课堂才可能丰富多彩、灵活多样，唯此，才具有发展的意义，才具有道德的价值。反之，模式化、一律化，则有悖于道德课堂的追求。

3. 道德课堂有规范，但更呈现创造的巨大空间。规范是道德课堂构建的原则和特征，而规范应有利于创造，创造则是道德课堂更为重要的原则和特征。教师在道德课堂中的创造源自内在的道德理由，而非外在的规则约束。有人曾批评马雅可夫斯基的诗歌创作，常常是“为了”什么，而不是“由于”什么，而“由于”是一种道德动机。在道德课堂中，教师应当“由于”课堂是师生共同创造的过程而去开发、去设计，学生也应是“由于”什么而去学习、去思考，课堂浸润在创造的氛围之中，道德之光就会照耀着课堂。由此，奖赏、鼓励、肯定是道德的，而有时合理的惩罚、批评、责备、严厉也是道德的。

4. 道德课堂既具有道德意义，也具有生长智慧的意义。苏格拉底认为，德行是一种智慧，所以道德课堂亦应是智慧课堂，既为发展学生的道德而教，亦为增长学生的智慧而教。在道德课堂里，道德与智慧携起手来，培育着一代代优秀人才。

用道德构筑教育幸福的价值观

我读到了一首诗，诗的题目是“你到哪里去了，放风筝的孩子”。诗中这么写道：

放风筝的孩子，你到哪里去了？

……

放风筝的孩子，就是堆雪人的孩子，

放风筝的孩子，就是粘知了的孩子，

放风筝的孩子，就是捉萤火虫的孩子。

……

曾经舞动一代人童年的天空，

天空是那么蓝，

蓝得旷远，蓝得勾魂，蓝得像海。

天没有老，

可是放风筝的孩子，你到哪里去了？

难道像萤火虫被人捉去了？

像知了被人使计粘去了？

像雪人在阳光下消融、不见了？

难道像一只风筝，挂在电线上，

被风撕碎，跌落下来，天边地角，化作尘泥？

……

诗的最后，作者又一次呼唤：“放风筝的孩子，你到哪里去了，还有你的那些小伙伴们？”

我没有找出原文，但记得清清楚楚，因为一句句诗像一把把利剑，一次次刺痛我的心灵。它，已深深烙在我的心头。我不禁和诗人一遍遍呼唤，那么深情，那么无奈，但又那么不甘心。我知道，这不是诗，抑或如马克斯·范梅南这位加拿大教育现象学家所言，它是诗，是“对初始经验的描述”，是“对初始经验的思考”。这首诗正是对当下儿童生存状态的描述和思考。放风筝的孩子到哪里去了，是说孩子们喜欢的游戏消失了，是说孩子们不会游戏了；他们没有时间游戏，不会游戏，孩子们的天性不见了。那曾经舞动一代人童年的天空，那欢乐、多彩的天空，如今失去了光彩，孩子们的快乐和幸福不见了，幸福像风筝被风撕碎，随着童年一起消逝了。对放风筝的孩子的呼唤，不正是对童年、对幸福的呼唤吗？

于是，我们要关注孩子们的幸福，要研究童年的幸福。尽管对幸福的呼唤显得微弱，但我们绝不放弃。

幸福是个人内心的体验，而各人内心的体验是不一样的，因而对幸福的理解仁者见仁，智者见智。我们要问的是，难道幸福就没有共同的规定性吗？应当有，必须有。亚里士多德就给幸福下过一个定义：幸福是有德性的实现活动。这里的意思非常清楚，幸福来自行动，来自实践，来自需要和愿望的满足和实现。值得注意的是，这样的实践和实现活动一定是要有德性的，意即道德是幸福的题中应有之义。从某种角度看，幸福感首先是道德感，道德构筑了幸福的价值观。反过来说，离开了道德，抛弃了道德，就无真正的幸福可言。欣喜的是，这样的幸福观正在为大家所认同和接纳。比如，我们看到这样的广告：食品工业首先是道德工业。

由此，我们必须想到教育。何为教育？教育是以道德的方式把知识、经验传授给人的活动或过程。可见，教育首先是道德活动，校园首先是道德校园，课堂首先是道德课堂。美国教育学家诺丁斯非常明确地说，一个在伦理上有考虑的教师首先是道德教师。道德教师、有道德的教育才会给学生真正带来快乐，带来幸福。如果诗意地表达，道德就好比是我们的第二颗太阳，它意味着幸福。

我坚定不移地相信，素质教育是真正有道德的教育。素质教育，以人为本，德育为先，能力为重，个性发展；素质教育，尊重学生，珍视童年，捍卫快乐的原则，给学生创造幸福。换一个角度说，不以学生发展为本，不让学生愉快地学习，让学生在痛苦（注意是痛苦，而不是刻苦）中度过，这肯定不是素质教育，而是应试教育。应试教育是最不道德的教育，它扼杀了人性，泯灭了孩子的天性，剥夺了学生发展的权利。而它往往美其名曰：为了不让孩子输在起跑线上，为了孩子明天更幸福。其实，是应试教育"使计"把孩子们像知了一样粘去了，是应试教育让孩子们原本的幸福跌落于天边地角，化作尘泥，化为乌有。讨论教育的幸福，必须讨论学生的幸福；讨论学生的幸福，必须站在学生的立场上，以素质教育为战略主题，以民族振兴为志业，以道德良知去把握和实现教育的真人与真谛。

是的，教育的幸福，学生的幸福，有许多具体的工作，有许多细节需要我们仔细推敲、认真落实。但是，如果我们把素质教育这一战略主题丢在一边，细节真的会带来幸福吗？幸福会持久吗？无法想象。必须让道德和道德智慧支撑我们的教育。

当然，给学生快乐是讲道德的，同样，让学生刻苦，有一些苦难的体验，也是一种道德。也许还是毕淑敏说得好："如果把人生的苦难和幸福分置天平两端，苦难体积庞大，幸福可能只是一块小小的矿石，但指针一定要向幸福这一侧倾斜，因为它有生命的基金。"生命的基金，同样是一块道德的基石。

从“见义勇为”到“见义智为”

随着时代的进步，以人为本理念的确立，我们对见义勇为的看法发生了变化，对少年儿童要不要见义勇为也发生了一些争论，提出不应提倡少年儿童“见义勇为”，而应提倡“见义智为”。从“见义勇为”到“见义智为”的变化，不只是一个口号的变化，概念变化的背后或深处应当有更深、更根本的变化，那就是核心理念和价值观的变化，也包括策略、方式的变化。这样的变化是我们认识与教育的重大进步，意义很大、很重要，应当支持。不过，概念的变化不是简单的，有一些问题还需持续、深入的讨论。比如，“见义智为”是对“见义勇为”的否定，还是调整？“见义智为”的核心与关键究竟是什么？“见义智为”怎样与社会责任感的培养发生链接？讨论的深入，不仅有利于对中小学生进行道德教育，而且有利于素质教育的全面推进。

一、“见义智为”不是对“见义勇为”的否定，而是从理念到方式的调整

“见义勇为”是中华民族的优良传统、宝贵的精神财富，倡导的是对正

义的尊重、认可和追求以及维护正义的精神和风气。《论语·为政》中非常明确地指出：“见义不为，无勇也。”可见，对正义的态度和行动，是勇敢与否的重要评判标准。正因如此，《宋史·欧阳修》中说：“天资刚劲，见义勇为，虽机阱在前，触发之，不顾。”“见义勇为”是社会责任感的最高表现，它把责任认知、责任情感、责任意志和责任行为统一在一起，处在淬化状态，以“勇”的面貌出现，让人的心灵震撼，动人心魄，引人敬仰。中华民族的历史上，有许多“见义勇为”的故事透射出中华民族的品格和精神。正是这样的品格和精神创造出了崇高的中华民族文化，推动中华民族自立于世界先进民族之林。在我们历史的温暖记忆中，对“见义勇为”充满着敬意。坚守这一民族“集体记忆”的框架，我们才会生发新的力量，向着新的历史进发。

当下尤其需要发扬“见义勇为”的精神。美国政治哲学教授迈克尔·桑德尔在接受记者采访时说：“在过去的30年里，市场和市场价值观渐渐地以一种前所未有的方式主宰了我们的生活。”他还将20世纪80年代早期到2008年金融危机之间的这个阶段，称为“市场必胜论的时代”。不过，他坚定地指出，市场经济只是手段而不是目的，我们需要的是市场经济而不是市场社会。金钱能买到的东西越多，社会的不公正问题就可能会更加凸显。他认为市场经济的腐蚀性正在侵蚀我们、腐蚀我们。人们的金钱意识不断增强，甚至渐渐形成垄断之势，道德感就会淡化。价值虚无就是市场经济腐蚀的结果，这是事实。教育是对未来的定义，现在的中小学生是未来的国家栋梁，这一公认的、浅显的道理提醒我们，“见义勇为”的品格不能丢，为正义而勇敢斗争的精神不能忘。

所以，“见义智为”绝不是对“见义勇为”的否定、丢弃，而是一种调整、改进，其实质并没有改变，不仅不能改变，还要进一步发扬。这是中华民族复兴的呼唤，是实现中国梦的应有之义，也是对实现中国梦的必要支撑。假若“见义勇为”的品格、精神被金钱收买了、丢弃了，将是对中华民族文化的背叛，我们将来也会受到历史的惩罚。

二、“见义智为”的前提是“要为”，“见义智为”首先是“要为”，然后才是“智为”

“见义智为”的前提是“为”，“见义智为”不是“见义不为”，而是首先要“为”，其次才是“智为”。假若把“见义智为”理解为“见义不为”，那必定是对“见义勇为”的颠覆性改变，其实质是对正义、崇高、勇敢以及所应担当的社会责任的丢弃和背叛；这样的“见义智为”不仅谈不上什么“智”，恰恰是一种“愚”和“蠢”。必须重申，“见义智为”只是对“见义勇为”的调整性转变和改进，无论是“见义勇为”，还是“见义智为”，重要的是“为”，“勇”与“智”只是在准确把握“为”的基础上在理念、策略上的改变，以及最终呈现手段和方式的改变。不管怎么变，要“为”是不能变的，也是不能少的。

“见义要为”，“为”的是什么呢？从字面看，“为”实质上是指责任行为。责任行为是一个人责任感的最终表现，没有行动的责任感是不存在的，只有把责任认知贯彻、落实在日常行动中，责任感才能发挥它应有的作用。这是对“见义要为”最简单然却是最重要的评判标准。但是“要为”，抑或“勇为”“智为”，不只是最终的行动问题，即使是行动，也要依赖导致行动产生的责任情感和责任意志。因此，“为”还有责任情感体验和责任意志提升的因素，即重在“为”，还应重在这两个方面的经历。正如马克思所说：“一个人只有在他握有意志的完全自由去行动时，他才能对他的这些行为负完全的责任。”用尼采的话来说，“自由源于能自由控制自己”。显然，这样的责任意志不是一朝一夕形成的，让学生经历“握有意志的完全自由”这一过程，比最终的行动更有意义。“见义”时这样的情感体验与意志锻炼的经历，对于中小学生社会责任感的提升起着十分重要的作用，而其最终正确的“为”也是必然的。

从责任认知上说，无论什么样的“为”，其实都是一种价值澄清和选择，是一种价值认同。价值认同的形成是主体自觉地感知、理解价值体系，并经由评价实现情感上的接受和确信的过程。所以这一过程，其实已超越了责任认知。中小学生经历这一过程，即使最终没有去“为”，也经受了一次价值观和社会责任感的洗礼。所以，“为”很重要，但“为”的内涵是十分丰富的，坚持“见义要为”其实是一个丰富的过程，坚持的正是一种积极的教育。换个角度说，没有这样的过程，就不可能有真正的“智”为。

三、“见义智为”的核心是以智慧的方法采取行动，以智慧的“勇”争取更好的效果

“见义智为”是针对少年儿童提出来的。这一要求既鼓励了少年儿童要怀着强烈的社会责任感，勇敢地面对社会中存在的不良现象，不害怕，不退缩，不逃避，表现出新时代儿童应有的精神和品格，同时又能从少年儿童的实际出发，注重保护弱小的自己，不伤害自己的生命，以智慧的方式巧妙处理，以取得更好的效果。毋庸置疑，“见义智为”体现了以下几个方面的理念。一是以人为本，尤其是以儿童为本的理念，在打击“不义”强者的时候保护弱者。保护儿童就是保护未来，要让弱小的生命健康、幸福地生长。二是执行《世界儿童权利公约》的理念，保护儿童生存、发展的权利。这是国际社会、成人世界对儿童庄严的承诺，这一承诺尤其要在危急、危险关头充分体现出来。三是培养学生智慧的理念。教育引导学生应变的能力，生长出处理危急问题的智慧，成为一个智慧的人。总之，“见义智为”让“见义勇为”更好地做到了从儿童立场出发，将其提升到了一个很高的境界。

其实，“见义智为”不只是针对儿童，也是针对所有公民的，是对所有公民的保护。同时也对“大公民”面对“不义”的问题时提出了更高的要求，那就是既要有勇又要有谋。谋，智也。“智为”把“勇”提升到以智为核心的勇。这样的智正是一种“勇”。“见义智为”不仅是对人尤其是对少年儿童的保护，更是对人智慧的挑战和考验。“见义智为”是一个非常智慧的概念。

“见义智为”的本意，就是为“义”寻找一个适合的方式。适合的即为好的，适合的即“智为”的。所谓适合，一要适合自己的年龄特点。在危急

关头，不要超越自己年龄所能承担的能力。具体地说，不要硬拼，不一定非要面对面，甚至可以用儿童的“幼稚”“可笑”迷惑对方，发挥儿童特有的优势，以儿童特有的方式来处理。二要适合当时的情境。不同的情境应有不同的处理方式，这就需要儿童审时度势，作出准确的分析和判断。此时，当事的学生已经在开发、利用环境，而且在创造环境了。三要在合适的时机，寻找其他适合的方式，包括求助他人、求助警察，不是单枪匹马，这样弱势转化为强势，劣势转化为优势。

由此，可以概括出“见义智为”的优势和特点，那就是“见义智为”比“见义勇为”更具理性。

与“见义勇为”相比，“见义智为”更讲道德。智慧的核心问题是道德，道德离智慧而去，智慧就不是智慧，充其量是一种聪明，抑或是一种小聪明。“智为”从道德出发，至少有两层意思，一是“见义智为”本身就是有道德的表现。为了国家，为了社会，为了集体，为了他人，维护正义，保护公共财产，爱护他者，这充满着道德的意义，闪烁着人性之光、道德之光。二是“见义智为”要从有利于当事人的生命、安全出发，不以牺牲自己为代价。如果前一层的意思更多的是表现出公德，后一层的意思看起来更多的是表现了私德，其实也是一种公德。可以说，“见义智为”把公德与私德智慧地结合起来，是一种完满的体现。

“智为”不仅是一种理念和行动，而且还应当是一种武器。亚里士多德曾经说过，有的时候，愤怒可以作为勇敢的武器，这一武器可以制胜。“见义智为”，正是为儿童提供了新的武器，帮助他们战胜了“不义”、邪恶，也战胜了自己。

社会主义核心价值观教育的两个出发点

还是从一个真实的故事说起——因为一个故事就是一个世界，讲故事不仅可以提供一个分享的世界，而且可以创造一个世界。

故事的题目是“可笑的理想”。

当初中二年级的语文教师在黑板上写下“我的理想”作文题时，全班同学一片笑声。这位教师感到很意外，问旁边的一个男生其中的缘由。男同学反问道：“您是希望我说真话呢，还是说假话？”老师的回答是：实话实说。男同学是这么回答的：“上小学时，老师叫我们写‘我的理想’，那时的我们年幼、天真，写下了心中最向往、最美好的理想，其实那个理想是老师和家长为我们编织的；上初一时，老师安排的命题作文也是‘我的理想’，于是我们写下了心中的梦想，那是手制的偶像；今天，您又让我们写理想，现在还有什么理想可说可写啊？这不可笑吗？”对于男同学的回答，全班同学的反应则是慢慢地举起手，最终几乎90%的同学表示赞同。面对此景，这位教师说：既然你们认为理想可笑，今天我们的作文题就改为“可笑的理想”，要求只有一条，实话实说。

作文本收上来了，这位教师翻看一本本作文，心里一阵阵抽紧，没想到初中二年级学生的理想是那么“成熟”，那么世故，有的理想是将来当大款，有的理想是当大官，可以有“二奶”……难道这就是当今学生的理想吗？这样的理想可笑不可笑呢？在心头无限纠结的时候，这位教师的眼前突然一亮—— 一位男同学的作文吸引了他。这位男生是这么写的：“我爸爸从小耳朵听力就不好，可他的理想是当音乐家。当他把作文读给同学听的时候，全班同学一片哄笑。但是父亲没有放弃理想，尽管耳朵的问题越来越严重了，他仍然想当音乐家。在同学的笑声中，他说‘我就是要用音乐为大家带来美好，为别人带来美好就是我的理想’。我知道，我现在治不了父亲的耳病，我也不可能当音乐家，但是我将来可以当医生，治好像父亲得的那样的病，让更多的人实现自己的理想。这就是我的理想。”

讲评课上，老师什么话也没有说，只是叫那位同学把作文读了一遍，全班一片安静、肃然。老师说：你们现在还觉得理想可笑吗？大家回答，理想并不可笑。老师说：那好，我们今天还是写关于理想的作文。黑板上出现的题目是：“我的理想”。教室里，同学们拿起了笔，思考着，郑重地写下了自己的理想。那是青春的想象，那是青春的承诺。

后面的事，我没有去跟踪了解。我想，那些学生到底写下了怎样的理想，已经显得不太重要了，因为教师的教育和引导已在过程之中了。从“我的理想”到“可笑的理想”，再到“我的理想”，题目的转换实质上是意义的转换，是价值的提升。

故事可以有多种解读，这个故事最为鲜明的意义，在于让我们思考如何进行价值教育，如何进行社会主义核心价值观的教育；如何从学生的实际出发，又如何从学科的特点出发。这应当是最有价值的教育思考。

社会主义核心价值观似乎很神秘，似乎离学生很远，其实不然。当教育基于学生本体的时候，当教育从学生实际出发的时候，当教育真正走进学生心灵世界的时候，社会主义核心价值观就不那么神秘了，离学生就不远了，它就在我们身边，这反而会让学生觉得它更崇高，更需要它。

我们并不真正了解学生。当下的学生生活在三个世界：一是现实的世界，那是用知识、成绩、分数编织而成的；二是理想的世界，那是家长和学校“共谋”的结果；三是虚拟的世界，在那里有诱惑，有陷阱，但可以用最短的时间换得最丰富的信息，可以让学生去享受“另一种”生活。问题是这三个世界是错位的，产生了价值碰撞，学生不知如何对待，出现了价值困惑以至迷乱，这是正常的，关键在于教师如何帮助他们进行价值澄清。这里的价值澄清，不仅要让学生更加开放，更加主动，而且还要坚持进行价值引导，和学生一起进行价值判断和选择。这一切都是建立在一个重要基础之上的，那就是真正地了解学生，真正地与学生生活在一起，否则最有价值的教育也会使价值衰减以至消遁。

在20世纪60年代，西方兴起了一场教学改革，即从重视知识传授转变为重视价值观教育。而当今我们国家的社会主义核心价值观教育，其意义更为重大，也更为深远。值得注意的是，不同的学科有不同的性质、功能、任务和特点，加强社会主义核心价值观教育，绝不是代替学科教学，不是忽略学科本身的教学任务，不是淡化学科教学本身应有的特点。相反，从学科特点出发，将更有利于价值观的教育。对此，我的基本认识是：第一，要让社会主义核心价值观教育进入教学目标和要求，但应当和原本的知识与技能、过程与方法、情感态度价值观教育整合在一起；第二，学科中社会主义核心价值观教育最为重要也最为基本的途径、方法是渗透，开发学科教学内容和教学资源中价值观教育的因素，加以渗透；第三，教师要增强教育和渗透的意识，与此同时要善于抓住和利用机遇，精心设计，创造教育的机会。上述故事中那位教师的可贵可敬可学之处，就是他面对突然发生的教育现象作出判断，加以改进，调整自己的教育行为，利用作文教学进行价值观教育。这就是智慧。

我阅读了日本人长山靖生写的一篇文章《写给青年》。长山靖生是一位牙医，但他一边开牙科诊所，一边撰写评论文章，因此他又是一位思想史家、评论家。他在文章中说，当今的日本学生存在两个问题，成为两种类型的人：一是“内视型”，二是“加拉帕戈斯化”。其实，内视型和加拉帕戈斯化是同一个意思，即越来越内向，越来越封闭，不愿意离开本土，其原因是“安然居于舒适的日本”，如加拉帕戈斯海鬣蜥，只能生长于水下，一旦环境改变，便将遭到灭顶之灾。当今中国的学生好像与日本有所不同，越来越多的青少年赴外留学，显得越来越开放。但是，长山靖生的这篇文章对我们的启发是：中国学生“安然居于舒适的生活”，甚至追求享受的现象似有发展的趋势，可能已不仅仅是“温室里的花朵”了。他们虽敢于面世，但又追求舒适、娱乐，显得娇嫩、脆弱。同时，随着社会开放的程度越来越高，多元文化的进入，如何让学生作出正确选择，是当今教育必须思考的问题。社会主义核心价值观教育对我们提出了重大任务，也为我们重启了一扇思考之门。

引导中学生自主参与核心价值观的培育与践行

一、在认知、认同、认真上下功夫，其主体正是学生

教育界曾经对一个重要命题进行过讨论：教育的价值与价值的教育。不言而喻，教育内蕴着鲜明的价值，担负着价值教育的任务。这一命题，如今在培育和践行社会主义核心价值观的战略任务时，显得更为重要，其内涵发生了重要的变化，对教育也提出了更高的要求。面对这些变化，我们要从认知、认同、认真三个方面去努力。

认知，是在知识和记忆、领悟的层面上，对社会主义核心价值观的具体内容要知道、要明白，对培育和践行的重要意义和要求要清楚、要把握。这是前提，也是基础。但只是认知是不够的，还需要认同。认同，是在情感和意义层面，与社会主义核心价值观保持一致，并逐渐内化，形成“最大公约数”，提升自觉性。无论是认知还是认同，都要认真，而且在践行过程中，更需要认真落实。换句话说，认知、认同、认真践行说的是知行统一，是知行意统一。这应是一条原则。

众所周知，认知需要各种方式和途径，但不论哪种方式和途径，都要以

学生为主体，因为认知活动、认知过程是不可替代的。认同亦是如此，没有主体的主动与积极，认同过程就无法完成，认同水平也不会高。认真践行，更是这样。因此，在认知、认同、认真实践的深处是学生主体地位的确立，是学生自主性的充分发挥。其实，核心价值观培育和践行的过程，首先是价值选择的过程，本身就是价值教育的过程。

何为主体？主体一定是人，但人不一定是主体。只有当人成为活动的发出者、参与者、创造者的时候，人才是真正的主体。培育、践行社会主义核心价值观是否有效，关键就在于是否让学生真正参与，是否让学生积极主动地去认知、认同、认真实践。在这一过程中，他们成为主体。舍此，培育、践行社会主义核心价值观最终是不可能成功的。

中学生更需要积极主动地参与到培育和践行的过程中来，而且他们在经验、知识、能力上更具参与的条件和基础。他们有自己的见解，有自己的生活体验，有自己喜欢的方式，调动他们的积极性、主动性，才会“一切皆有可能”。此外，课程、教材是一种价值的存在，学生是意义的创造者。当价值的存在与意义的创造者发生关联、产生共振的时候，培育、践行必然会成为一个生动活泼的生长过程。我们认为，学生自主学习、主动参与，应是教育的核心价值观。

二、鼓励、引导学生主动积极地进行转化，逐步提升自主教育的能力与水平

核心价值的认知、认同、认真实践是个过程，过程中有许多元素需要转化，经过转化，核心价值观才有可能内化。转化、内化同样需要学生的积极主动，而不是消极被动，这就要求教师给予鼓励和引导，实现以下因素的转化。

1. 从价值到价值观。

价值，是理想中的事实。价值必定有理想的召唤和期待。从这个意义上看，价值具有普世性，即人类有自己共有的价值。价值观，是对“价值”方

向性和取向性的根本判断、根本看法，是在根本看法下对价值的辨别与选择，而不同的国家、不同的民族以及不同的人，对同一事实、同一价值的方向性、取向性是不同的。比如，对同一事实，资本主义与社会主义就有不同的意义、解释、判断和看法，所以价值观不具有普世性。习近平总书记用“鞋子论”来阐释两者的区别。西方人推崇“选举民主、一人一票”，中国则倡导“协商民主、有事同人民商量”；西方文化推崇个人自由，而中国文化则倡导在“社会关系中的自由”。

中学生正处在价值观萌发、形成的重要时期，他们对价值的认知与判断有着不少的困惑。比如，什么是幸福。长期以来，我们总是从心理学的角度来理解，于是幸福成为一个见仁见智、非常个人化的定义。但是只从心理学的角度来定义，幸福就会掉入相对主义的泥淖。其实，幸福是个道德价值的判断问题，幸福观折射的是价值观，幸福观说到底是道德观，一如亚里士多德所言：幸福乃是在完满生活中德性的实现。显然，中学生的价值教育，重点是在对价值的认知、判断、选择上，即在价值观的确立上。如何引导中学生从价值向价值观转化，既是重点又是难点，其间需要启发学生主动参与和投入，对教师的价值教育是一种挑战。

2. 从价值澄清到价值引导。

教育中，教师必须引导学生进行价值澄清。价值澄清是 20 世纪美国最有影响的道德教育理论流派。“价值澄清理论强调在价值多元、变动不居的社会形势下发展儿童的道德意识，注重儿童在品德发展中的主体地位，重视培养其道德判断和选择能力。”[①] 价值澄清理论的提出是一大进步，因为它旨在帮助儿童澄清自己的价值观，而不是向他们传授和灌输特定的价值观。但是价值澄清理论存在明显的缺陷：“他们极力反对任何专制的、灌输的价值教育方法。然而他们矫枉过正，毫无必要地接受了道德相对主义，这无疑从根本上否定了个体价值等级的存在，从而在事实上取消了学校道德教育，奉

①［美］路易斯·拉思斯．价值与教学［M］．谭松贤，译．杭州：浙江教育出版社，2003.

行放任主义教育策略。”[①]可见，学校、教师不能放弃价值教育引领的使命。教师的引领与学生的自主选择并不矛盾，正是在二者的互动中，学生才学会价值选择。

把价值澄清与价值引领结合起来，对于中学生来说，尤有重要价值和意义。在多元文化、多元价值涌来的时候，中学生虽有一定知识和经验的积累，但还比较脆弱，自我澄清的能力还不强，因而容易产生价值迷惑，甚至极易产生价值迷失，此时需要教师的引领。这种引领或是指点、提醒，或是组织交流、讨论，或是引导他们进行比较、辨别。在这一系列过程中，学生仍然是自主的，是积极、活跃的。目前，在价值引领中，往往存在两种倾向：或是简单地灌输，或是简单地放任。这两种倾向都不是真正的价值引领。从价值澄清到价值引领，探索富含智慧的价值引领，是个新课题。

3. 从渗透到开发。

对社会主义核心价值观教育，国家一贯倡导要在课程、教材中融入相关内容。这是正确的。所谓融入，是将课程、教材内容与核心价值观融合在一起，它们不是两回事，应是一回事，形象地说是“一张皮”，而不是“两张皮”。从本质上说，课程、教材中的内容原本就富含核心价值观，更准确地说，课程、教材原本就是价值的存在，原本就是一种价值形态。因此，核心价值观“进”课程、进教材之“进”含义有三：一是在认识、态度上，不应忽略核心价值观的教育，要“进”目标，进教师的“心”，增强意识；二是在内容的设计、安排上，要渗透核心价值观教育，尤其是原来课程、教材中有关内容比较薄弱，甚至有所缺失，对此，渗透是种调整、加强，具有外在性；三是在策略、方式上，对课程、教材中内含的价值观予以开发，让其显现、彰显。从渗透和开发来看，开发具有内在性，更为主要和重要，更为科学和合理，也更为紧密和自然。这样的开发是最好的“进”，最好的“融入”。今后有关核心价值观的教育，要从外部渗透转向内在开发。

①［美］路易斯·拉思斯．价值与教学［M］．谭松贤，译．杭州：浙江教育出版社，2003.

中学生具有识别教材内容的能力，也具有开发教材的基础和条件，他们对从外部渗透的方式往往有一种抵触和抵制，而对教材中原有内容及其价值的开发则具有亲切感和挑战感，更喜欢也更容易接受。让中学生经历开发的过程，正是为他们自主进行价值澄清、价值引领提供机会、平台，这样的价值教育应当是有效的。

三、注重策略和方式的调整，让认知、认同、认真的践行更生动活泼

对社会主义核心价值观的教育，认知、认同绝不是生硬的灌输、简单的说教，更不是“贴标签”，相反更应把握学生的认知特点，注重并遵循学生的发展规律，以生动活泼的方式进行，讲究价值教育的艺术，体现价值教育的智慧。

教育的艺术、智慧往往凝结在教育的策略、方式上。策略、方式似一把打开未来之门的钥匙，也是文化意义的具体表现。长期以来，价值教育的策略往往从利于教师的喜好和习惯考虑，教育的方式也比较单一，显得简单、枯燥，教育显得苍白。社会主义核心价值观的培育与践行，亟须对教育策略作出调整，对教育方式进行改革。

1. 情感共鸣策略与方式。

情感是人发展的本质力量，也是知行统一的纽带，而且是推动学生成长的润滑剂和助燃剂。学生最重情感，最富情感，如果诗意地表达，那就是学生是情感的王子。事实证明，只有从情感入手，让核心价值观在情感的激活下生动起来，活跃起来，鲜活起来，核心价值观才能真正走进学生的认知世界和意义创造。

我们常常想起梁启超。梁启超的《少年中国说》充溢着无限的情感和无极的美。《少年中国说》之所以今天仍被学生们喜爱、吟诵和放歌，是因为当年的少年中国与当今的“少年中国”发生了情感共鸣。可以想象，梁启超当年写“少年中国说”时，情感脉搏在剧烈地跳动，因为他认为，“天下最

神圣的莫过于情感”，情感“是生活的原动力”，是“生命之奥”的东西；他还强调“情感能够构成一种既含现在又超越现在的境界”。[①] 今天的社会主义核心价值观的培育、践行，其实是今天的青少年在中国梦的鼓舞下，写下新的“少年中国说”。爱国之情，爱中华之情，振兴民族之情，自然在大家的血脉里涌动。这就是情感的共鸣。

情感与情感的共鸣，应当有共鸣点，最大的共鸣点就是“最大公约数”。社会主义核心价值观本身就饱含着情感，这一“最大公约数”本身就是情感共鸣的最强大共鸣点。如何寻找“最大公约数”，用情感激发情感，用情感点燃情感，让情感伴随价值教育，我们应以满腔的热情去努力探索。

2. 生活叙事策略与方式。

为培育和践行社会主义核心价值观，上海市黄浦区精神文明建设委员会和上海世纪出版集团依托《故事会》杂志，向全国发起了“我们的价值观——中国好故事”大型征文活动，结果收到 3 万多篇文章，即 3 万多个故事，其中“升旗升旗”的故事尤为感人。故事发生在一所山村小学，学校建在半山腰，前是坎后是山，连块巴掌大的操场也没有。学校只有一位教师、几十个学生；而在山的另一边，是一个只有一位教师和十几个学生的教学点。就是这样的学校，每周一七点半准时升国旗。每当升旗时，孩子们的神情无比虔诚和激动，仿佛他们眼前就是庄严的天安门广场。正是升旗，让两个相隔一小时路程的山区小学的心连在一起，升起的国旗成为他们互相关心、互相帮助的信号。在蓝天下升起的不只是一面国旗，而是两个大大的字:“爱国”。升起的是蓝天下的希望，映入孩子们心灵的是爱国的核心价值观，还有那“用我们的血肉筑起新的长城”的使命感、责任感……

故事是核心价值观凝聚的最佳载体，讲故事可以让核心价值观可亲可学，它提供了一个可分享的世界。孩子们喜欢听故事，哪怕是中学生，即使是成人，他们也喜欢听故事、讲故事。讲故事是一种文化的方式。文化的方式不是强制的方式，而是吸引人的好方式，它让人在故事中找到自己，认识

---

① 朱存明．情感与启蒙［M］．北京：西苑出版社，1999.

别人，发现核心价值观，因而它是道德的，是有效的。当然，讲故事不只是感性的，而且极富理性，情与理在故事里相遇，核心价值观就会生动活泼地蓬勃生成、生长。

3. 分层分类推进策略与方式。

初中生、高中生虽然都是中学生，但差异是很大的，即使同一学段，不同年级、不同班级之间的差异也是明显的。核心价值观教育应当针对不同的学生，采取分层分类推进的策略与方式，运用符合他们认知特点和水平的、喜闻乐见的方式。分层分类，才会有针对性，也才会真正有效。在这方面，学校和教师积累了不少经验，极富创造性，相信他们会探索出新的策略和方式来。

社会主义核心价值观教育是中国梦照耀的希望田野，中学生在这片田野里获得价值的认知、认同与认真践行，在理性的深情召唤下，定会在意义的创造中成长。

第四辑

从爱和尊重开始

如果我们怀着真诚的爱——这种爱是不附加任何条件的，那么学生这本书，一定会为你打开。只有读懂了学生这本大书，你才会获得教育的大学问、真学问、高学问。

让爱走在教育的前头

爱的教育是一个古老话题，又是一个很难破解、很难实现的永恒话题。教育应当让学生感受到温暖，而温暖的教育应该就是爱的教育；让爱走在教育的前头，教育才是有魅力的。

一、爱，人类生存和发展的共同主题

2016年，我读了《德兰修女传——在爱中行走》。德兰修女矮小瘦弱，人们抬头看到的往往是她那张皱纹纵横的脸，但留给我深刻印象的是她那庄严的讲话，那么质朴，又是那么美妙。她创立的“仁爱传教修女会”有着千亿美金的资金，连世界上最有钱的公司都乐意无偿捐钱给她。但她住的地方除了电灯外，唯一的电器就是一部电话；她穿的衣服一共有三套，自己换洗，只穿凉鞋，没有袜子。她带着爱的光芒在无限的大地上行走，把无限的爱带给穷人、流浪的人、垂死的人、内心饥饿的人。她用整个人生邀请我们，邀请我们选择爱与光明。因而，她成为最没有争议、最令人钦佩的诺贝尔和平奖得主；在《美国新闻与世界报道》举办的大型调查中，她是最受青少年崇拜的人。

德兰修女的一生都在爱中行走。她用自己的一生告诉我们，爱是人类存在的理由；爱，让人类、让人生、让世界充满意义，充满和谐，充满希望。爱是一种力量，正如但丁所说：“爱推动着日月星辰的运行。”不仅如此，爱还推动着人类的发展，推动着世界的进步。爱让我们追求高尚，追求伟大，罗素说过，高尚的生活是受爱激励并由知识导引的生活。爱是神圣的，泰戈尔说，上帝就是灵魂里永远在休息的情爱。因而，爱会使人的灵魂安宁、纯洁和神圣。爱是不能被要求的，它发自内心。爱要给予，正如一位印度商人给德兰修女题写的那五句话：“沉默的果实是祈祷，祈祷的果实是信仰，信仰的果实是仁爱，仁爱的果实是服务，服务的果实是和平。”[①] 可见，爱连接着信仰、服务和感激。爱是相互的，和平祈祷词里说，不求被爱，但去爱。爱是不求回报的。我不敢说，爱就是教育，但我敢说，爱是教育的一种力量和方式。教育要引导人们学会爱，学会同情，学会感激，学会服务。教育需要爱来推动，需要让爱渗透其中。从这个意义上说，爱要走在教育的前头。

二、从中华优秀传统文化中汲取爱的智慧

中华民族是崇尚爱、追求爱、善于爱的民族，爱的文化是中华优秀传统文化的重要组成部分。让爱走在教育的前头，必须从中华优秀传统文化中汲取养分，寻找爱之源、爱之力。

中华优秀传统文化中的爱，不仅是一种道德，而且是一种智慧，这种智慧具体而生动。首先，中华民族的爱是对生命意义的肯定和赞美。中华传统文明追求人与自然的亲和，追求人与人之间的和谐，因而在精神意义上肯定生命，将死亡看作生命的转化。因而，生命是无限的。“无限—有限的缝隙

① 华姿. 德兰修女传——在爱中行走［M］. 济南：山东画报出版社，2005.

被爱填满”,“无限像父亲般拥抱我们，又像朋友一样与我们散步”[1]，这是大智慧。庄子说：“大智闲闲，小智间间。”闲闲，宏大也，关爱宇宙，关爱人生，关爱生命，关爱人的内心世界，这是大智者对爱的理解和态度，是一种大爱。

其次，中华传统文化中爱的智慧关注人与人之间的交往，爱和美德在交往中产生。众所周知，儒家伦理道德中最重要的元素是“仁”，“仁”是中华传统美德的根本。“仁”的造字特别有意蕴，从甲骨文到小篆，其形体都作“二人”会意，意即古人心中的人不是单独、孤立存在的，而是表征了一种人与人之间的交往关系。爱内蕴于交往，在交往中才会产生爱。“仁”最早的含义是“亲人”。《说文解字》说：“亲，仁也。”又说：“仁，亲也。”亲与仁，开始主要指家庭成员间、氏族亲人间要“亲爱”。随着时代的演变，“仁”的含义逐步扩大，由亲人扩展到爱人，由爱人扩展到“事人”——为他人服务。“仁爱”提示我们，人与人之间要交往，不仅要爱亲人，而且要爱其他人，不仅要爱人，还要为别人服务。因此，爱不仅是一种情感，而且是一种能力。

再次，爱的智慧还体现在反对等级歧视中。孔子主张仁爱，墨子则主张兼爱。墨子说：“兼相爱，别相恶。”别，差别、差等也；别，天下祸害之根源。所以，兼爱的核心是：爱无差等。这种反对等级歧视、提倡无差等的兼爱思想，直抵爱的本质，意义深刻。兼爱的智慧提示我们，爱是不能选择的，是面向所有人的，尤其是要爱那些处于弱势地位的人。后来，兼爱又发展为“周爱”“尽爱”，更强调爱一切应爱的人。这是多宽阔的胸怀！平等、民主、公平的理念在“兼爱”中尽可找到。

最后，中华文化表达爱的方式也是很智慧的，这就是诗性智慧。“中国文化的本体是诗，其精神方式是诗学，其文化基因库是《诗经》，其精神峰顶是唐诗。一言以蔽之，中国文化是诗性文化。”[2] 的确，这种诗性智慧使我

① 毛峰．神秘主义诗学［M］．北京：生活·读书·新知三联书店，1998.
② 刘士林．中国诗性文化［M］．南京：江苏人民出版社，1994.

们表达爱的情感时更含蓄、更简洁，更富意蕴和广阔的想象力。在《诗经》、唐诗宋词的吟诵中，我们都有深深的体验和久久的怀想。

三、师爱，超越母爱的教育爱

斯霞老师的“童心母爱”至今都是崇高的、伟大的。发扬“童心母爱”精神，对于教育来说，是任何时候都不能怀疑的，更不能丢弃。

母爱是给予性的，是不求回报的，用流行的话说就是“因为爱所以爱”，爱本身就是目的。教师的爱应该具有母爱的特性：是学生就得爱。对学生的爱不需要理由，爱学生是教师的天职；爱学生，不求学生回报，甚至不求学生感激。值得指出的是，当今一些教师缺少母爱的情怀和精神，让一些学生对爱的期盼与渴求得不到满足。学生情感、心理上的缺陷，不能不说和教师对学生缺少母爱有一定的关系。在商品经济发达、物欲膨胀而人文精神淡化的今天，提倡母爱更有意义，更为重要。母爱，是教师的美德。

其实，斯霞的爱不仅是母爱，而且是一种教师爱。教师爱不等同于母爱，而斯霞的“母爱”已超越了母爱。教师爱是对母爱的超越，是教育爱。其一，教师爱扬弃了母爱中的私性。学生虽不是自己的孩子，但教师把学生当作自己的孩子来爱。生活中，学生也往往把老师当作自己的父母。一位高三的学生在收到大学录取通知书后给数学老师写了一封信，信的开头就说：“老师，请原谅，因为我曾经骗了你。父母在我很小的时候就离婚了，我想在学校里寻找到失落的父爱。可是，教外语的男老师，因为我成绩不好，当众宣布放弃我；教语文的男老师，因为我背不出《赤壁赋》，让我当众站在那儿，羞愧难当；只有你——教数学的男老师，为我添置寒衣，无偿补习数学——其实我的数学很好，只是为了看看你能不能给我父爱……”此时这位教师才知道，学生也在每天考验着教师，这是爱的考验。扬弃了私性的教师爱面向所有的学生，追求爱的普遍性，追求教育的公平、公正。

其二，教师爱注重教育的科学性。“因为爱所以爱”固然可贵，但爱同样要讲究科学性，否则容易导致盲目地爱而没有教育。教师爱注重教育目的，即按照党的教育方针，用爱的方式促进学生素质的全面提高。如果仅有母爱的话，则可能导致教育偏差，导致孩子不全面甚至是片面地发展。教师爱遵循教育规律，即从学生身心发展规律及个性特点出发，以平和的心态、积极的方式，循序渐进地引发学生内在力量的苏醒与生成，从而使得教育的节律更为和谐，更适合学生自身发展的特点。如果仅有母爱的话，则可能操之过急，揠苗助长，违背孩子的成长规律，结果只会是把爱变成了害。教师爱注重教育的客观性，对学生既充满激情又充满理性，实事求是地分析学生的优点、缺点及发展可能性，因而教育更具针对性，更全面，更有效。如果仅有母爱的话，则可能一叶障目，或只见孩子的优点，或把孩子看得一无是处。教师爱是一种有“度”的爱，是一种科学的爱。

其三，教师爱是稳定的。教师对学生的爱一以贯之，日复一日，年复一年，爱在教育中行走。教师用爱点燃教育的火炬，学生在爱中陶冶高尚的情感，在教育中提升爱的品质。教师爱的稳定性，首先表现为非情境性。在不同的情境中，教师爱永远不会消失，情境改变的只是爱的方式、爱的形式，而绝不会改变爱的温度、深度。爱的非情境性是教师成熟的特征，是教师具有的优秀品质的表征。其次，教师爱的稳定性，表现为非情绪性。教师是有情感的，因而也会有情绪的波动、心理的变化，但教师应当清楚地知道，在学生面前的任一言行都是教育活动的开始。故而，教师需要及时调整情绪，不以自己心情的好坏影响对待学生的态度，不弱化对学生的真挚的爱。教师爱的非情绪性，表明教师既有爱的激情，又有爱的理性。

其四，教师爱聚焦在童心上。英国著名人类学家莫理斯说过：“创造力就是童心不灭”，“创造力从根本上说就是儿童品性在成年时期的延续”；法国学者波德莱尔也认为：“天才只不过是借助意志的行动而被重新发现的童年”；我国学者王国维说：“伟大的词人之所以能够写出伟大的作品，是因为他们拥有童心。”[①] 教师爱儿童，就要珍爱儿童的童心，珍爱童心就是珍爱人

① 刘晓东．儿童文化与儿童教育［M］．北京：教育科学出版社，2006.

的创造性，这是教师对学生最大、最崇高的爱。

四、以微小的方式生长爱

德兰修女常说："我们常常无法做伟大的事，但我们可以用伟大的爱去做些小事。"[①] 是的，爱的伟大并不意味着一定是轰轰烈烈，爱的方式并不决定爱的意义。事实上，那些因爱而燃烧的灵魂常常选择以微小的方式生长。微小的方式首先是指对那些具体小事、细节的态度。小事不小，细节可能决定成败。教育无小事，细节隐藏着成功的密码。对待小事和细节的态度往往反映一个人对事物意义认识的水平和程度，也往往反映着一个人的品质和习惯。学生尤其是小学生，不可能经历许多惊天动地的大事，但每天生活中遭遇的一件件细小的事却在锻造着他们的性格，他们正在以一种微小的方式生长着爱的崇高情感和品质。

微小的方式也意味着处理小事、细节的具体办法和行为。微小的方式应该是真实的。真实的爱出自内心，是自觉的，因而也是真诚、可贵的。微小的方式应该是默默的、细腻的、不事张扬的，默默中充满激情，细腻中体现细心、周到。微小的方式应当是对人尊重的方式，因为爱如果没有尊重，就可能会被异化为支配和占有。微小的方式还是培养意志品质和行为习惯的重要方法，"一屋不扫，何以扫天下"，小事恰恰能锤炼威武不屈、富贵不淫、贫贱不移的君子品格。

"爱绝不是一种浪漫倾向。"[②]微小的方式引导着学生认真做事。一要做自己喜欢的事，用喜欢的方式做事。让孩子真正像孩子，让爱的小事产生快乐的情感和幸福的体验。二要做应该做的事。喜欢的不一定是应该的，应该的却一定是遵循道德标准的。当然，应该做的事也要用喜欢的方式、快快乐乐地去做。三要做必须做的事。学生守则和行为规范所要求的就是学生必须做

① 华姿．德兰修女传——在爱中行走［M］．济南：山东画报出版社，2005.

②［印］克里希那穆提．世界在你心中［M］．胡因梦，译．深圳：深圳报业集团出版社，2007.

且必须做好的事。

让爱走在教育的前头，教育就开始了；让爱走在教育的前头，教育就会温暖人心，也会走进我们的心里。也许，让爱走在教育的前头，正是对爱的教育的一种破解与追崇。

让教育在爱中行走

爱与教育是一个神圣的话题。说起爱，我们自然想起斯霞老师，是她在儿童教育的大旗上写上了“童心母爱”。这是斯霞教育最珍贵的文化遗产和精神财富，也是她留给我们继续探索的永恒话题。

爱是人类存在的理由，爱让人类、人生充满温暖和幸福。教育更需要爱。夏丏尊有一句名言：“教育之没有情感，没有爱，如同池塘没有水一样。没有水就不能称其为池塘，没有爱就没有教育。”其实，爱的教育首先是情感的教育，有爱一定要有情。但是，当下的应试教育把爱给括出去了，“教育被压在学生的功利下面，不免有了偏枯的颜色……太重视学业这一面了……于是便成了跛的教育了”。朱自清尖锐地指出了教育的偏枯，至今都有现实意义。跛的教育实际上是无用的教育，这种教育“用像给他们的孩子穿衣服的方式来给他们的思想也穿起外衣”。我们必须大声疾呼：实施爱的教育必须实施素质教育，应试教育是无用的教育，是有害的教育。学校应是爱的源泉，爱是教育的核心。

教育的爱主要通过教师去实施，爱学生是教师最神圣的品质，是教师专业发展的核心。托尔斯泰早就告诉我们：“教师只要对工作付出爱，他就可能成为好教师。教师只要对学生付出父母一样的爱，比那些教完所有的书本，却不对他的工作和学生付出爱的教师，更有可能成为出色的教师……能将对工作的爱与对学生的爱合并在一起的教师，是一个完美的教师。”因此，爱学生、爱工作是教师最鲜明的标志。教师的专业发展不只是业务、知识和能力的问题，离开了学生，专业发展就偏离了方向，偏离了道德，失去了存在的价值。斯霞老师的一生是一个邀请，她以爱的名义和爱的方式来邀请自己，邀请教育，也一直在邀请我们。我们应该接受邀请，为爱的教育作出庄严的承诺，像斯霞老师那样，把整个心灵献给孩子，用整个心灵去拥抱孩子。

教师的爱首先应具有母爱的品质，以宽阔的胸怀、满腔的热情，真诚无私地把学生当作自己的孩子。教师的爱又要超越母爱：以教书育人为主要任务和基本途径，以爱为核心，以育人为目标，以教书为途径和方式。因而师爱更讲公平，面向每一个学生；更讲科学，遵循教育的规律；更稳定，情境改变的只是爱的方式，而不是爱的程度。但是，母爱与师爱是可以统一、融合的。斯霞老师正是这样，她所说的母爱，不只是父母之爱，而且是以母爱为基础、以师爱为主题的大爱。

师爱离不开童心。童心是一种可能性，是一种创造性。教师认识儿童、发现儿童、保护儿童、开发儿童、引领儿童，所以师爱有最丰富的内涵，有区别于其他爱的特殊之处。我以为师爱与童心构成了教育爱的特质，点化了教育爱的特殊意义。正因如此，教师应当如李吉林老师所说，是一个“长大的儿童”，也如蒙台梭利所说，是“作为教师的儿童”。从本质上说，教育就是“长大的儿童”与“教室里的儿童”的对话，是他们共同邀请“课程中的儿童”一起来聚会。就在聚会与对话中，爱生长起来，滋润着心田，引领着“儿童”以爱的方式一起成长。当我们在爱中行走，教育就会获得神奇的力量，就会成为真正的教育。

教育爱：教师的良知璞玉

季羡林先生是2006年的“感动中国十大人物”之一。记得给他的颁奖词是这么写的：“心有良知璞玉，笔下道德文章。一介布衣，言有物，行有格，贫贱不移，宠辱不惊。学问铸成大地的风景，他把文化汇入传统，把心留在东方。”颁奖词对季先生的人格、学术及一生概括得如此简洁，却又如此丰富、深刻、准确和传神。我以为，其魂灵是璞玉般的“良知”。

何为知识分子？知识分子当然应该有知识，但有知识的并不一定是知识分子。衡量知识分子最重要的标尺是社会良知，即社会责任感、使命感，是对社会发展的关注、对人类进步的关怀、对公共道德的追求。这种社会良知凝聚在“道德文章”上。“文章”好，“道德”也好；首先是“文章”好，而且“道德”要更好。

季先生的道德是对学生真诚的爱。2005年，一位新生来到北京大学报到，携带的行李需要人帮忙来看管。正好看到一位老者走来，衣着朴素，脚蹬圆口黑布鞋，像是北大校园的一位老师傅。他请老师傅帮忙，老师傅一口答应。一个多小时过去，回到放行李的地方，那位老师傅还在那儿，那么认真、负责。第二天开学典礼，他才知道，昨天的那位“老师傅”正是坐在主席台上大名鼎鼎的季羡林。2009 年，毕业了，他说：我们走了，季先生也走了，冥冥之中，似乎季先生还要送我们一程。也许，我们应该这么去认识，教师的道德、教师对学生真挚的爱，本身就是一篇最好的文章；也许还应该这么认识，教师首先应该是一位道德教师，大师之“大”、名师之“名”，首先是有真实、质朴而又十分灿烂的爱生之美德。

我不敢说爱就是教育，因为不能以爱代替教育。但是我敢说，教育需要爱，爱是教育的前提，爱是教育的一种力量，爱是教育的一种方式，爱是教育成功的密码。因此我敢说，我们需要“教育的爱”，需要“爱的教育”。教育爱，需要母爱，但一定要超越母爱，准确地说，教育爱是母爱与教师爱的统一，因而教育爱更科学、更无私、更稳定。这是一种人类的大爱。其实，这种爱是一种智慧，是人类的大智慧。正因如此，每位教师都应当在自己的人格底色上写上：我们爱学生。于是，教师才会成为感动中国的人，也才使自己感动。

有一句话很流行：教育是一个民族对未来的自我定义。是的，我们正在代表民族给未来定义。我始终相信，教师是以热爱学生、发展学生的道德文章去定义未来的，因为推动“摇篮”的手可以推动地球——如果学校、课堂是真正地培养人才的摇篮的话，教师就会像季羡林那样，成为心有良知璞玉的知识分子，就会以凝聚教育爱的道德文章，在地球上铺就美丽的风景。

童心母爱在课堂里安顿

为纪念斯霞百年诞辰，南京师范大学附属小学（简称“南师附小”）以“童心母爱　薪火相传”为主题，举办了系列活动，课堂教学的展示与研讨，是其中一个十分重要的组成部分。的确，斯霞这位教育家是从课堂里走出来的，她的精神、思想是在课堂里生成、练就、提升的，又通过课堂教学去影响、培育了南师附小的核心理念，影响、培育了一大批优秀教师。这么多年过去了，南师附小的教师在课堂教学改革中，又作了哪些新的探索，又有了哪些新的进展，他们是如何成长为名师的，大家都很关注。

南师附小没有让大家失望，不仅如此，我们还看到了他们新的成果。斯霞的教学之道在南师附小的课堂里延伸、拓展，斯霞式的优秀教师在南师附小的课堂里展现着新的风采和时代的特征。

我们高兴地听到这样的声音：“‘爱的教育’的传承离不开教学，离不开课堂，课堂是‘爱的教育’的第一场所。”这是校长阎勤和她的团队共同的认知和坚守的信念。是的，爱、爱的教育、儿童、童心不是空洞的概念，不是炫目的符号，而是实实在在的行动，是实实在在的课堂教学的改革。离开课堂，脱离教学，爱心与童心就极有可能虚泛而漂移。“第一场所”，让童心母爱在课堂里安顿。这既是对课堂教学价值与意义的判断与定位，也是对当下学校建设、教师专业发展的真诚提醒。

我们高兴地听到这样的声音："要提高教学质量，减轻学生过重负担，我们必须从改进课堂教学、改进教学方法入手。"这是斯霞教育思想的精髓，是斯霞老师的谆谆教诲。南师附小的校长和教师坚定地依循这一思想，把改革的方向、重点以及主要精力集中到教会学生"学会"上来。在长期的实践中，他们形成的爱的课堂的核心是"为学而教"。为学而教，是让学生主动学习在先，上课时心中要有"想法"，课后仍有主动学习的行为，学生的学贯穿整个教学过程。让学生学会学习，这是对学生最真诚、最深刻、最持久的爱。

我们欣喜地看到南师附小教师的教学风格。斯霞老师的教学风格素朴、自然，但又有深度。南师附小的教师在斯霞老师的教学风格中浸润，构建了朴实、真实、丰实的课堂，逐步形成了以爱为核心、基于童心的教学风格，让教育的真情在课堂里洋溢，孩子们如沐在春风细雨中，似禾苗那样舒展，自然，快乐，健康。风格即人格，南师附小教师的风格即"校格"。南师附小的课堂就是这样，有浓浓的爱的味道，有真真切切的儿童味道，显现着教育的品格和文化的品位。但是南师附小的教师又从各自的特点出发，形成了不同的教学风格。这种和而不同的教学风格，让课堂丰富多彩，各具个性和特点。这正是斯霞教育思想的开明与智慧，既影响大家，又不限制大家；这也正是南师附小教师的个性与勇气，既学习权威，又不失自我。这样，学校形成了良好的教育生态。

我们深切地体味到南师附小教师对学科的理解。彭钢先生关于斯霞老师《李闯王渡黄河》课堂纪实的评述，我非常同意。其一，语文应当自然而纯粹，丰富而不复杂，艺术而不失自然，"简约的教学结构可以蕴藏语文教学的丰富性和多样性，上品的课堂是'结构简约、内容丰富'"。其二，语文就是语文。语文有自己的边界，尽管边界向其他学科打开，向生活打开，但"边界"不能"失守"；课程本位并不否认更不排斥学科本位，所以要"坚定通过'语文学习语文'的信念，让语文教学回到语文"。其三，语文就是语文，在教学策略和方法上，应当“字不离词、词不离句、句不离段”，把“语文”落实在“语文”上，落实在文本上，落实在语言文字上。这应当是一种原则。吴玲的《月光启蒙》，朗宁的《生活的浪花》也是这样，吴玲秀美、灵动的教学风格已跃然于课堂之中。我们同样从钱泓的数学课、尹润萍的音乐课中领悟到什么是学科特质和学科教学的特点。

童心母爱在课堂里安顿，南师附小的一批批教师正在迅速成长。他们的人格深处已悄然打上童心母爱的文化印记；他们的课堂教学中已抹上了童心母爱的亮丽色彩；他们的教改试验中，已注入了研究的含量，闪烁着理性的色彩。南师附小有着改革、研究、试验的历史与传统，而今在新的条件下，他们回应时代的召唤，开始了新的航程，驶向新的彼岸。

师德，最大最美好的影响

他们是中华人民共和国成立 60 多年来，在江苏教育界最有影响的人。

我一直在思索如何定义“影响”——当然不是在文字表述上；何为“最有影响”——当然也不是所谓的评功摆好。

那么，究竟以什么来判断影响？以年龄吗？好像不是。他们中有的虽然还很年轻，却践行在行知路上，正在影响、改变着当地的农村教育。以职位吗？好像不是。他们中有的是普通教师，却深受师生的爱戴，影响着其他教师，影响着学校。以城市还是乡村吗？好像不是。他们中有典型的农村学校校长，却创造着连城市学校都称羡的奇迹。以在世还是辞世吗？好像也不是。我相信，即使已辞世，也没有一棵树是白白落叶的，也没有一朵花是白白凋零的；况且，我坚信他们不是落叶，更不是凋零的花。

说到底，还是凭“影响”。“影响”就是“影响”，大多时候，“影响”是无法定义的，也不必去定义。要“定义”的恰恰是，他们是以什么来影响我们的，他们究竟影响了我们什么。

此时，我再次想起了季羡林先生。他是 2006 年“感动中国十大人物”之一，其颁奖词是这么写的：“心有良知璞玉，笔下道德文章。一介布衣，言有物，行有格，贫贱不移，宠辱不惊。学问铸成大地的风景，他把文化汇入传统，把心留在东方。”季先生文章好，道德也好。他以自己的一生告诉我们，要文章好，首先要道德好，因为心有璞玉般的良知，笔下才会有好文章、大学问；把心留给他人、学问献给社会的人，才会感动别人，才会有影响，才会“最有影响”。

于是，他们——中华人民共和国成立60多年来对江苏教育最有影响的人，是以师德铸成了师魂，以师德与师魂影响了我们。我们要学习他们的思想、学术和专业智慧，更要学习他们崇高的师德。因此，师德成为“最有影响”的问题。

一、高尚师德是最生动、最具体、最深远的教育

提起斯霞，自然会想起她的“童心母爱”；提起陈鹤琴，自然会想起他的“一切为了儿童”；提起殷雪梅，自然会想起她以自己的生命救了学生；提起姚止平，自然会想起他把自己的青春和生命献给了农村学校和教育；提起蔡林森，自然会想起他像是一台永不停歇的拖拉机，日夜工作……他们都有一颗“红亮的心”，都有高尚的情操。是他们的人格、精神、境界，总之是他们的师德首先让我们把他们铭记于心。“最有影响”的人自然地把师德问题再一次提起，并摆到更为重要的位置引起大家的关注和思考。这是为什么呢?

1. 提倡并强化师德是由教育的特性决定的。道德是人类的最高目的，也是人类的最后目的。这是赫尔巴特的名言。既然如此，道德也应当是教育的最高目的和最后目的。教育不仅是向学生传授最有价值的知识的过程，而且是以道德的方式实施的过程。其实，教育本身就应是道德展开的过程。早在1996年国际21世纪教育委员会向联合国教科文组织提交的报告《教育——财富蕴藏其中》就指出:“现代人有一种头晕目眩的感觉……他们在寻根、寻找参照点和归属感。”以什么为参照点？归属感在哪里？报告接着说:“因此，一切都要求重新强调教育的伦理和文化内涵。”是教育的伦理和文化的

特质及内涵，让我们的头脑逐步清醒起来，获得归属感。正因如此，教育对社会应该接待的儿童和青年是一种爱的呼唤，在伦理上有考虑的教师首先应当是道德教师。道德教师绝不是进行道德教育的教师，而应是具有丰富道德伦理意义和内涵的教师，是善于用道德的方式进行教育的教师。可见，教育的特性要求教师必须有良好的师德，否则就不是优秀教师，甚至称不上是真正的教师。

2. 提倡并强化师德并不否定更不排斥智慧。教师应当充满教育智慧，应当做智慧型教师，这是大家共同的愿望和追求。其实，智慧原本就和道德紧密联系在一起。苏格拉底说："我们每个人把希望系在灵魂上，要使灵魂也善起来，灵魂就应系在智慧之上。"亚里士多德进一步解释说："智慧，就是就那些对人类有益的或有害的事情采取行动的能力状态。"两位智者都强调智慧的道德规定性。当我们追求智慧的时候，就是同时在追求教育的道德，智慧教师在某种程度上是具有良好道德的教师；培养师德，从某种角度上说，也是在生长自己的智慧，道德教师其实也是智慧教师。

3. 提倡并强化师德并不否定更不排斥学术和专业。教师的德性与学问二者之间有本质的内在联系，特别是德性与人文社会科学有内通性，二者相互依存。不仅如此，如果没有德性，则很难发现教育规律，获得科学的论著。所以，立言先立德，治学先做人，已成为中华文化的宝贵精神和我国治学的优良传统。对此，司马光有过精辟的论述："德才兼备为圣人，德才俱无为愚人，德胜才为君子，才胜德为小人。"这种对"圣人""愚人""君子""小人"的界定，或许还可以探讨，但其对"德才兼备""德行胜过才能"的肯定，可以引发我们再一次认识到师德的重要性，牢记立言先立德的古训。

4. 提高并强化师德具有重要的现实意义。在教育教学改革中，教师表现了极大的热情，贡献着自己的聪明才智，涌现了许多先进的典型，他们的事迹一直在感动着我们。我国正处于大改革大发展时代，人民群众深切地呼唤着良好的道德风尚，也进一步期待着良好的师德风尚。但值得注意的是，社会转型的复杂性，给教师带来了许多价值困惑，尤其是社会上出现了权力膨胀、金钱至上、道德下滑的状况，影响着教师的价值追求。教师的生活方式和状态正在发生变化，少数教师的价值观发生了偏移，师德状况并不令人满意。我手头正好有一份剪报，内容是“学生最怕老师这样说”。比如学生最怕老师说：“看见你，我就烦！”“我佩服你，真是笨到家了。”“再说废话，你给我滚出去！”等，有15条。此外，令学生反感的教师大概有七类，比如“嫌贫爱富型”“说长道短型”“欺软怕硬型”等。当然，造成师德问题的原因是复杂的，既有现代社会的影响，也有历史传统形成的不良习惯；既有客观原因，也有教师本身要求不严格的问题。不管什么原因，不良的师德影响着学生的健康发展，影响着素质教育的深入实施。高尚的师德是对学生最生动、最具体、最深远的教育。今天，我们把师德作为“最有影响”的人的核心品质来讨论，无疑会从师魂角度促进教师队伍建设。

二、师德：精神品格·思想境界·教育信念·人格特征

“最有影响”的人，每个都是师德的典范，他们的师魂犹如岁月深处的烛光，发出最亮丽的光彩。如果作一些分析和梳理，我们可以发现师德的内涵及其基本规定性。这些正是“最有影响”的人的最可贵之处，是最值得我们学习的地方，当然也是师德建设的重点内容。

其一，精神品格。人总得有一点精神，尤其是教师，首先要塑造自己的灵魂，要在心灵深处筑起一块精神高地，以此踮起自己的脚跟，这样才可以看得更远，才可以离星空更近一些。我以为，精神品格是师德的核心。记得闻一多先生写过一首诗《红烛》：“请将你的脂膏，不息地流向人间，培出慰藉的花儿，结成快乐的果子。”用这样的诗句来描述和歌颂“最有影响”的人是最合适不过的。史绍熙先生，把一生的心血都献给了自己的学生，放弃了许多次能够享受荣华富贵的机会，坚守三尺讲台，桃李海内外。整整40年，他把江苏省常州中学推向了回首前人、俯瞰八方的新高峰。洪宗礼先生，不为名不为利，孜孜不倦进行中外母语教育比较研究，填补教育研究的空白，埋头于初中语文教材的研究与编写，探索了语文学科落实素质教育的

基本途径——语文教育之链。他们都有学术贡献，但首先是他们精神品格的高尚。当然，今天的教师绝不只是在消耗自己的脂膏，而是与学生共同成长，和学生共同开出慰藉的花儿，结成快乐的果子。但是，教师的“红烛”精神并未过时，教师的“红烛”形象仍是最值得讴歌的。

其二，思想境界。思想境界往往是一个人的人生高度，是一个人价值观的集中体现，因而是师德的重要内涵。“最有影响”的人在思想境界方面为我们回答了三个问题。第一个问题，如何对待教师这一职业？对待职业一般来说有三种观点和态度：一种是从业，解决就业问题；一种是专业，需要钻研，建构自己的专业身份；一种是事业，与民族振兴、祖国和平发展联系在一起。蔡林森作了最正确的选择，他把自己全部的身心投入到事业中去，同时潜心研究专业，形成洋思教学模式。第二个问题，如何对待幸福？幸福是个人内心的一种体验，因而见仁见智，很难定义。但是姚止平用自己的生命，生动而准确地诠释了幸福：幸福不一定发生在城市，也不一定发生在高职务上，而是在他的平民教育的追索与践行中。第三个问题，如何对待教师的职业规范？教师“学为人师，行为世范”，对于师德，可以是他律，也可以是自律，还可以是自由。“最有影响”的人不是把师德规范当作外部的要求，而是发自内心的需求，形成“师德自觉”，从他律走向自律，走向自由。比如殷雪梅，师德已融化在她的血液里，体现在她的言行中。当教师走向师德自由的时候，就会进入崇高的道德境界。

其三，教育信念。教育信念反映了一个教师对教育理想的认识，也是教师教书育人的指南，师德往往体现在这只“无形的手”上。比之教育理念，教育信念更稳定、更坚定，更具精神内涵，它已内化在教师的素质结构中，外显在教育行为上。即使在思想保守的年代，吴天石厅长仍大胆地提出语文教学必须加强“双基”的问题，至今都在影响着教学改革，因为他有自己的信念和信仰；李吉林在“文化大革命”中仍憧憬着理想的教育，因为她坚信教学必须改革，改革需要研究和试验；“没有教不好的学生”，是蔡林森的信念；“把每一件简单的事做好就是不简单，把每一件平凡的事做好就是不平凡”，姚止平依靠这一信念，使栟茶中学走向成功。他们的教育信念已化成了教师的人格特征。因而，教师的行为彰显着深刻的文化意义，行为世范成了他们具有特殊魅力的教育方式。

其四，人格特征。师德，准确地说应当是教师德性，其内涵不仅包括品德，还包括人格修养，最高境界是“至善”。就人格特征而言，“最有影响”的人向我们揭示了四点：一是爱心。我不敢说爱就是教育，但爱肯定是教育的前提，也是教育的力量和方式。爱是师德基本而又十分重要的内容，是高尚师德的首要条件和显著特征。而教师的爱既具有母爱的性质，又超越了母爱。斯霞的爱的实质是母爱与教育爱的统一与结合。陈鹤琴之所以成为我国幼儿教育之父，首先是由于他对儿童的挚爱，因而对儿童应进行活教育。二是童心。童心是真心，童心是圣人之心、赤子之心，充满着创造力。童心是超越年龄的，教师需要有永远的童心。李吉林、邱学华把自己比作“长大的儿童”，其深刻意蕴就是尊重儿童、了解儿童，真正走进儿童神秘的心灵世界，把握开启心灵之门的钥匙。三是平等心。甘于在农村干一辈子的杨瑞清，接过陶行知民主教育的思想，在农村小学中实施赏识教育、激励教育，就是把学生看作伙伴、朋友，怀着与学生一样的心，由此增强了农村孩子的自尊心和自信心。杨瑞清还不止一次地启示大家，平等心是构建民主、和谐、合作师生关系的基础。四是创造心。教育是创造的事业，智慧应是教育的品格，敢于创新、善于创新应当是教师人格的显著特征，它影响着并决定着教育的水平和学生未来的发展。胡百良，早在20世纪80年代后期就展开了课程改革，在全国率先进行“分层教学”试验。他有理想，有见解，很执着，他的创新精神是师德中最闪光的部分。还有邱学华，坚持不懈地进行“尝试教学”的研究和试验，是他率先把“让学生主动学”“让学生尝试、探究”真正落实在小学数学教学中。当然还有李吉林。创造心不应游离在师德之外，它不仅是“至善”的，也应是“至真”的。

三、从“一米阳光”开始

德有大德和小德。孟子讲：“穷则独善其身，达则兼济天下。”“独善其身”是小德，“兼济天下”才是大德。教师的师德应当是一种“兼济天下”的大德：是无私的，不是恩赐，不是施舍，不需回报；是面向所有学生的，公平、公正，大家都在同一片蓝天下；是为了未来的，终身学习，终身发展，终身幸福。殷雪梅在危急时刻舍身救学生是一种大爱大德，斯霞她们把自己的青春和全部身心献给教育也是大爱大德。

但是，大德不是突然从天而降，而是由小德的积累不断升华而成的。“至善”也是一个过程。所以，教师不应当止于小德，也不应轻慢小德。有位教师这么说：“像一米阳光那样，虽然不多，却能温暖他人；虽然不长，却能成就永恒。”也许，小德就像这一米阳光，就像一滴雨露，就像一片绿叶，就像一个微笑。其实，阳光、雨露、绿叶、微笑，并不“小”，即使是“一米”“一滴”“一片”“一个”，只要和阳光在一起，它们就会很伟大。所以，千万不要轻忽“小德”。有教师说得好：“不求闻达于天下，但求闻达于学生；不求练达于人情，但求练达于学问。”是啊，只要学生在我心中，我就会在学生心中，我就会在无限温暖、无比光辉的太阳下面——那职业叫教师，那品德叫师德。

也许，这些就是对江苏教育“最有影响”的人对我们最大、最美好的影响。

尊重的阳光照亮永远的自信

我听了一场伦理学家作的讲座，说到对待待残疾人的态度问题。他说，我们对待残疾人不应只是尊重的问题，更重要的是应该感恩。为什么？他说，人类中总有 1% 到 3% 的人残疾，这几乎是一个常数。而这 1% 到 3% 的不幸，恰好落在他们身上，我们则因此成了健全人。所以几乎可以说，正是残疾人成全了我们，拯救了我们。是的，我们对残疾人不仅应该同情、尊重、帮助，感恩才是最真诚的态度。

我又看了中央电视台《开门大吉》的一期节目。节目中一位残疾人一次又一次地倾听音乐，一次又一次成功地把门打开。最后，他带着坚定的微笑说：让我们所有残疾人记住，没有“残疾”二字，只有后面的那个“人”——我们永远是人。

前一个例子，让我们领悟到的是“尊重”；后一个例子，让我们领悟到的则是“自信”。正是尊重与自信，从两个不同的角度道出了特殊教育的核心理念：残疾人应当自信，而所有的健全人都必须给予他们足够的尊重。

尊重是人性的起点，是道德的起点，也是教育的起点。让教育怀着尊重走向学生，才会发生真正的、良好的教育。当尊重学生的时候，教育就发生了，良好的教育就在其中了。尊重的深层意义在于对残疾人感恩的心理。长期以来，我们说了这么多的爱、这么多的公平，总还是遇到这样那样的干扰、障碍，其中的一个重要原因就在于我们的内心深处尚缺那一份感恩的情怀。因此，爱还在表层，公平也还是一句口号。从内心改变自己，才能真正改变自己的理念和行动。

再说自信。如今，自信往往是一般学生所欠缺的，身体有残疾的学生尤其欠缺。自信来自哪里？来自对自我的认识。残疾，只是身体的，而不是心灵的；残疾人，首先是人，而不是残疾。人永远强大，永远有伟大的可能性，永远是目的。也许，特殊教育的最高使命，就是让残疾学生首先把自己当作一个大写的人，而不是他们所谓的特殊性，不应用“残疾”这一特殊性遮蔽了人。遗憾的是，我们往往关注残疾，无意中忽略了人。首先关注人，再去关注人的特殊性，才会有健康的教育，才会不断增强残疾人的自信。

尊重与自信应当产生互动。尊重，让残疾人自信，而自信让我们更尊重残疾人。借“开门大吉”来描述特殊教育，也许是合适的：用尊重的方式打开了大门，尊重的阳光将照亮残疾学生的人生之路，迎来一个又一个吉祥如意的今天与明天。

请记住：特殊教育的对象，最为重要、最为宝贵的是那个“人”。让我们尊重他们，感谢他们，真诚地帮助他们。

教育，从尊重开始

我不反对流行歌曲，有的还很喜欢，因为流行歌曲很生活，很“懂你”，在“开满鲜花的”路上，让你有很多美好的想象。也许，这会让我年轻一些。更为重要的是，一些流行歌曲还让我想起教育，引起对教育的一些思考。

比如，金海心唱的“如果你不爱唱歌也没关系，就让第一道阳光把你的耳朵叫醒……”我想，唤醒耳朵其实就是唤醒心灵。雅斯贝尔斯说：“一棵树摇动另一棵树，一朵云推动另一朵云，一个心灵召唤另一个心灵。”教育，就是要唤醒人的耳朵；教师，就是唤醒耳朵的人。

但是我们常常发现，学生的耳朵是不容易被唤醒的，尽管你的声音有时很美妙，也很动听。这是为什么？是因为你缺少那“第一道阳光”的温暖和魅力。这“第一道阳光”有一个名字，叫尊重。

尊重是人性的起点，没有尊重，何来以人为本？何来人文精神、人道主义？尊重，是道德的起点，也是教育的起点。美国学者诺丁斯说，伦理上有考虑的教育应该把教育当作道德事业。借用他的话语方式，尊重学生的教师，才可能使教育成为道德事业。所以，真正的教育应当从尊重学生开始，良好的教育是以尊重学生为前提的。正因如此，马卡连柯指出，只有更多地尊重学生，才能更严格要求学生。因为尊重这道阳光可以消融严格要求带给学生的厌恶、反感与拒绝，进而接纳你的严格，甚至是严厉。这种教育最富人性。

尊重，会使教育走进学生的心灵。心理学家、哲学家威廉·詹姆斯说："人类性情中最强烈的是渴望受人认同。"未成年人更渴望别人对他的认同，而尊重是对人认同的标尺和方式。尊重学生，首要的是真正将学生当作人，认同并呵护学生作为人的基本属性和基本权利。因此，尊重不是一种礼仪规范，更不是一种作秀，而是发自内心的对学生人格与尊严的认同、接纳与信任。从尊重出发的教育，不会演化成需要学生回报的恩赐、施舍，更不会异化为粗暴的责骂与惩罚，而是心与心的交流。此时，在第一道阳光的照耀下，心灵才会冒出新绿，开出鲜花。

教育中的好多问题，尤其是师生间的冲突，可以追溯到师生关系上，而师生关系是否民主、和谐、合作，往往取决于教师，尤其取决于教师的人格。托尔斯泰说："教师的完美人格是任何教科书、任何道德箴言、任何惩罚和奖励制度都不能代替的一种教育力量。"对学生的尊重，应该不仅是教师的教育道德，而且应该是教师的人格特征。这种教师的人格特征，是以爱为基石的。只有爱学生，学生才会向你敞开心扉，教师才能发现所爱学生的性格和特性。只有这时，心灵才会唤醒另一个心灵，于是真正的、良好的教育就发生了。也许，这才是最好的、最高境界的师道尊严。

从尊重开始，教育出发了。其实，尊重学生应该走在教育的前头，或曰尊重学生本身就是一种教育。若此，校园就会永远沐浴在第一道阳光之中。

倾听：教育的另一种言说

倾听，古已有之，并不是新鲜的概念，早就存在于我们的日常教育教学中。但是今天，倾听已成了新课程改革的关键词，这是因为时代和改革给它注入了更为丰富的内涵。因此，如果我们对它的认识还只停留在表层，那么倾听就有可能成为一个空泛而乏味的口号。

我们应该对倾听加以追问。

一、追溯倾听的缘由：学生的内心世界十分丰富

教育从倾听开始，质朴的话语中透出教育的哲理：教育必须倾听，倾听意味着教育的开端。在某种意义上，倾听就是一种教育的言说，甚至就是一种教育。教育为什么要倾听，为什么要从倾听开始？究其原因，这是基于对学生、对教育教学本质意义的认识。

首先是对学生的认识。“儿童”的概念曾被湮没在无边无际的黑暗之中，也曾被界定为“一块白板”或“一张白纸”。但是随着时代的进步，我们终于重新认识、重新发现了儿童：儿童不是白板，不是一无所有，而是非常富

有的；教育不能随心所欲在上面“做成什么样式”，而应顺其势去引导之、培养之；儿童是真正意义上的人，具有独立的存在价值。因此，教育绝不能只根据成人的意愿，而要首先了解儿童，了解他们已有的经验和基础，了解他们的兴趣和需要，了解他们的个性特点和认知风格。可以这么认为，了解是教育的第一环节，而倾听则是了解的重要途径和方式。我们完全可以这么判断：倾听是对儿童观的把握，是对学生的尊重，是对教育教学要义的领悟。反之，不善于倾听，甚至拒绝倾听，就会失去了解学生的机会，失去教育教学的前提和根基，教育就会变得虚无缥缈，成为无的放矢的无意义行为。

其次是对教育教学本质的认识。教育教学绝不是教师单向的灌输、简单的告诉和重复的操练。教育教学是在教师的引领下，教师和学生共同创造的过程，因此，教育要走向对话。所谓对话，是双向的、互动的、平等的，对话平台的两边分别是教师和学生，平台主人的主语是“我们”，而不是“我”和“他”。对话要从了解对方的意图开始，这就需要首先倾听对方的话语，从中寻找共同的话题，决定讨论的方向和内容。不去倾听，就失去了对话的基础，失去了对话的意义，对话就可能成为“独白”，甚至是单方的“训话”。因此，我们可以说，对话是从倾听开始的，倾听是对话的前奏，没有倾听就无法对话，也就无所谓教育，无所谓教学。

如今，我们倡导教育的倾听，具有鲜明的针对性。有人说，中国教师不善于倾听，其实中国文化一直关注“听”。孔子对学生的教育，就是先听而后循循善诱。但是不知何时，教师开始不听了，不屑听了，不会听了。究其根源，在于教师的权威意识造成的话语霸权消解了学生倾诉、表达的欲望，堵塞了了解学生和与学生沟通的渠道。中国教师要做善于倾听的人，从倾听开始学会教育，这不仅仅是对年轻教师的要求，也应成为所有教师的共同追求。

二、追思倾听的内涵：方式中透出的教育品质、智慧和意义

毋庸置疑，倾听首先是一种教育行为和教育方式。因为是一种方式，所以它是具体的、可观察的、可操作的，并不虚无缥缈。当下，我们较多地关注和讨论倾听的理念，引导理解的深入，这当然很好，但在不自觉中使倾听神秘了、复杂了，甚至虚空了，让教师难以捉摸。其实，倾听很简单，就是静静地、耐心地、认真地听，不急不躁，不打断，不忙于下结论性判断。因为这是一种方式，所以不能当作教学的一个环节；因为是方式，所以它是弥散的、渗透的，运用于教学的全过程。教师的教学过程始终伴随着倾听，在某种意义上说，教学的过程就是倾听和探究的过程。

方式离不开理念的支撑。倾听的方式折射出教育理念，表现出教师的教育品质。其一是尊重。尊重是人性的起点，比什么都重要。以学生发展为本，从尊重学生开始，我们不妨从倾听学生的倾诉开始尊重，因为教师的倾听常常使人有美妙的想象——认真，微侧着头，脸上带着微笑，给学生以尊重、鼓励、赞许。其二是信任。尽管学生言说时不流畅、不清楚、不准确、甚或有错误，教师总是耐心地、专注地倾听。这是宽容，是信任，也是一种乐观的期待。教育急需教师对学生的宽容和信任，期待的目光和神情定会感染学生、感动学生。其三是虚心。学生不仅仅是受教育者，对话的平台是用民主、平等的砖石搭建的，其中透着教师把自己当作受教育者的理念，折射着虚心听取意见的品质。倾听是教师的一种品质，教师的这种教育品质使他们更像学生的知心朋友、可信赖的伙伴、值得尊敬的长者。

倾听中透出教师的智慧，其核心是思考。教师倾听时，总是伴随着观察、辨别、判断、选择。倾听中，教师的外表是从容的，而脑海里是不平静的，在最短的时间内甚至要在瞬间必须作出教育的决定，或是肯定后的点拨，或是以此展开的议论，或是片刻沉静中的回味、思索，或是借景抒情，或是借题发挥，总之，无不展现着教师的教育敏感、教育机智和教育艺术的光彩。有时倾听本身就是处理教育事件的艺术和智慧，而缺乏思维的倾听，就失去了意义，失去了活力，最终成了空壳和形式。

从表面上看，倾听是被动的，而对于有教育意识和教育智慧的教师来说，倾听则是一种主动的行为。他们把倾听当作自己的责任，当作教育的契机，因而在表面上，倾听是接收的过程，但对于善于倾听的教师，倾听则是接收和输出相融合、相交替的过程，倾诉者在倾听者情绪的感染下也会成为倾听者。这种倾听、倾诉的互置，形成了对话的平台，此时倾听真正成为心灵的沟通。我们不妨把对话与沟通当作倾听的最高境界和目的。其实，教师和学生就是在倾听与倾诉中建立了融洽的师生关系，生发了教育的意义。

三、追寻倾听的多种视角

倾听应真实和真诚，不应作秀，不应虚伪。如果视倾听为形式，是被动的，不得已而为之，那么倾听者可能表现为心不在焉，抑或摆出姿态。此时，倾听者吸收信息的器官实际上都已关闭，他们也可能不是在“倾诉”。真诚的倾听者才可能是优秀的倾听者。

倾听不是孤立的。倾听这一方式，要伴之以观察、思考、讨论、选择、设计等其他各种教育方式和行为。因此，不要就倾听讨论倾听，而应在教育过程中对其进行观察，加以综合运用。

倾听不是万能的。以往忽视了倾听，轻视了倾听，如今我们关注它、倡导它，但有时又在自觉与不自觉中夸大了它的作用，似乎教育教学中的一切问题，至少是一些问题是可以通过倾听来解决的。其实，教育中的所有方式和方法都不是万能的，都要相互渗透、相互配合、相互作用。倾听更是这样。

倾听不是单向的，即倾听不只是对教师的要求。我们还应关注和培养学生的倾听意识、倾听品质。实践中，我们常常发现不少学生不愿倾听、不会倾听，其中不乏以下原因：一是心浮气躁，二是未能形成良好的习惯，三是教师没有严格要求和训练。我们应把学生学会倾听当作教育的任务和目标。只有学生学会倾听了，师生、生生的对话才可能实现。

倾听的对象不仅仅是人，还应善于倾听文本与环境所表达和传送的信息。我们阅读文本，实际上就是在与历史对话；和环境互动，就是在与环境对话。当学生专心致志地阅读文本时，他就会从文本中听出思想的声音。倾听环境亦然。

倾听之后教育决策转换的时间和方式应是多样的，可以是即时的，也可以是隔时的；可以是显性的，也可以是隐性的，甚至倾听以后并不一定要作出决策。这样，倾听不露教育的痕迹，却在学生的发展中打下了烙印。这种开放、多元的倾听后的处理，使倾听更灵活、鲜活。

倾听，是教育的一种言说，是一种特殊的教育。在倾听中，你会听到学生心灵的诉求，听到素质教育之花开放的声音，听到现代教育前行的脚步声，那时你会享受到教育的幸福。

读懂学生这本大书

在河北省唐山市丰南区，有一所乡镇初中，叫岔河中学。全国教师的聊书会曾在那里举行。实事求是地说，这所中学的办学条件很一般，尽管是新建的校园，但也只有两幢楼和一个较大的食堂，绿化还没开始，只是整了整地，风一来，想必灰尘飞扬。但是，我在这里遇到了真正爱读书、会读书的教师，这令我欣喜，也令我钦佩。

聊书会分为九个场，每个场五位教师，各聊书半个小时。我在第一场，每个教师聊书后由我点评。分在我这组的有两位岔河中学的教师，全都教数学。没想到，数学教师的人文素养这么高。其中一位教师名叫张洪艳，她聊的是与一位女同学之间的秘密。她是这么聊的：

> 那天午休后，我去操场，你和三两同学在我前方，与我同向。迎面几个男孩说笑着走来，那两个姐妹一闪，避去一边，唯独你，一低头，与一个男孩擦肩而过。交错的一刻，你轻轻侧头，眉梢是一抹淡淡的羞怯，嘴角却是一丝怯怯的欢喜。这种神情一下撞入我的心海，让我怔在那里。你轻巧的小步跑开的身影，搅乱了我心中的平静——那是你吗？

文静的你被青春撞了一下？……我不知是否该庆幸，窥见了一个花季女孩的小小心事？我只该庆幸，我在你身后，不曾惊扰你的秘密。

张老师一直想与女孩交谈，可女孩总是低眉浅笑，避而不谈。

怎么办？作为一名教师，应当与刚上初中的女孩谈一次心，看来面谈不行，那就笔谈吧。一个夜晚，张老师无眠，披衣写下一段文字。

想走进，却又感觉你在门里，我在门外；想倾听，却又感觉你在故事里，我在故事外；想给你一双手，却总感觉你在花季里，我在花季外……如果，我已经过你的来程，你是否肯把心事讲给我听？如果，那天的画面只是我的敏感，你是否可以将这错的挂念付之春风？如果，你要寻一段年少的美丽，你是否可以用纯真与毅力将这份心情保鲜成一个秘密——一个只有我们两个人知道的秘密？……披衣写下这段文字，但愿你懂，一个肯在午夜为你写下牵挂的人的心情！

情真，意切，文笔如此流畅、如此漂亮，这哪像一个数学教师写的？但千真万确，张洪艳是地道的数学教师。她读书，读了很多书；她观察，那么细致、敏感；她思考，深入、从容；她表达，像是一次姐妹、朋友间的聊天，又像是闺密间的交心。我想，那位女学生读了这些文字，定会感动，定会把心事和盘托出，会把心情保鲜成秘密，也会把一时的念头付之春风……总之，一切在悄然中化解。

读书给了张老师慧心。我以为，她更在读一本大书——学生。学生在门里，我们总想进入门里；学生在故事中，我们总想自己也在故事中；学生在花季里，我们也总想返回花季。这一切靠的是一颗爱的心，浓浓的情，还有那喷涌而来的灵感。如果我们怀着真诚的爱——这种爱是不附加任何条件的，那么学生这本书，一定会为你打开。只有读懂了学生这本大书，你才会获得教育的大学问、真学问、高学问。

特殊之处，正是伟大之处

我做过几年《现代特殊教育》的主编，不过没做好，不是谦虚，而是实事求是。但有一番特殊的情感，还有一种特殊的感悟，这份情感和感悟，是留给我的特殊的礼物。

如果作些梳理和提升的话，那就是特殊教育是对整个教育尤其是对中小学教育最根本、最彻底的诠释，是整个教育尤其是中小学教育的崇高境界。具体的意思是，教育、中小学教育的本义、真义、理念和一切追求都在特殊教育中聚集，都可以在特殊教育中得到最具体、最生动的呈现；特殊教育之“特殊”，就在于中小学教育容易忽略的地方，特殊教育不可忽略；基础教育需要加强的，特殊教育得到了进一步加强；中小学教育的规律，特殊教育不仅一般遵循，而且更加充分和深入。完全可以这么认定，特殊教育的研究、实践，可以推动中小学教育以至整个教育的研究、实践；特殊教育的教师与中小学教育的相比，不仅多了辛苦，更为重要的是多了真切、深切的体认。所以，特殊教育的特殊之处，正是它的伟大之处、可贵之处、可敬之处。

比如我想到，没有爱就没有教育，中小学教育是这样，特殊教育更是这样。特殊教育是道德的事业，更是爱的事业。它为中小学教育做了榜样，其爱的耐心、爱的方式都让我们深深感动。

又如我想到，没有生活就没有教育，在特殊教育领域，生活成了教育的主题、主旋律，而中小学教育常以知识挤压了生活，生活成了知识的附庸。如何让知识、能力活在实践中、生活中，特殊教育是值得中小学教育学习的。

再如，为学生一生的发展打基础，全面培养学生的素质，特殊教育是做得最好的，是真正的素质教育。还有如教育的公平、民主，特殊教育都做出了真实而深刻的行动。

正因如此，《现代特殊教育》既要立足特殊教育，又要面对整个教育，尤其是要面对中小学教育，加强与中小学教育的沟通与协调，形成与中小学教育对话的机制。在这一方面，特殊教育应当自信，应当开放，应当更加深入。在与中小学教育的对话中，中小学教育向特殊教育学习，特殊教育也向中小学教育学习，这样的良性互动是在更高层次和更开阔视野中的“全纳教育”。因此，大家都来读《现代特殊教育》，关注特殊教育，从某个角度来推动教育的改革和发展。

于是，我最后想到的是：特殊教育，一切皆有可能；特殊教育，是最大的可能。

第五辑

共同责任的担当

让学生成为永远的中国人和优秀的世界公民，这是我们的责任。

解放学生：公民教育的前提与旨归

随着社会主义政治文明和社会主义和谐社会建设进程的加快，公民教育这一重要命题已进入我们的研究视野，正成为一些学校的探索性行动。这是历史性的跃迁和时代的进步。公民教育必将与基础教育课程改革一起，进一步推动教育改革，促进学校发展，全面提升学生素质。

对我国来说，公民教育还是一个崭新的话题，研究与实践中有一些关键性问题仍需要我们加深认识、准确把握，否则会偏离公民教育原本的意义和根本目的，不能真正实现其目标。在诸多问题中，学生公民意识的增强、公民身份的真正拥有是至为关键的，而这些都关涉到一个重要的前提，即学生的解放。

一、公民教育以公民的独立人格为前提，没有学生的解放就不可能有真正的公民教育

尽管对公民、公民教育有多种定义和解释，但其基本规定性已逐步被认同："公民教育应当是以公民的本质特征为基础和核心而建立起来的教育目

标体系，它必须满足三个基本条件：以公民的独立人格为前提，以权利与义务的统一为基础，以合法性为底线。”[①] 三个基本条件可视为三个基本规定性。这三个基本规定性是密不可分的整体，缺一不可，但作为前提的“公民的独立人格”尤显重要。公民教育的由来与背景以及发展历程充分证明了这一点。

“公民”一词最早起源于古希腊，其本意为“属于城邦的人”。当时只有奴隶主和自由平民才是“属于城邦的人”，才享有参加城邦公共生活的权利，特别是政治生活的权利。奴隶没有这个权利，他们不是公民，只是“会说话的工具”。后来古罗马沿用了公民概念，但是突破了狭隘的城邦观念，以共和国的公民权利和义务出发解释国家的本质。不过，他们仍坚持培育“以公民自由（其基本含义是平等的公民实行自治）为核心的共和精神”[②]。可见，公民这一概念从诞生之日起，就在本质上与人的解放、人的自由“天然”地联系在一起，若失却人的解放与自由，便失却了“公民”，失却了公民意义，亦即回到了“奴隶”的时代。

现代意义上的公民教育是资产阶级文艺复兴和启蒙理性的产物，此时资产阶级从“人的眼光”出发，以天赋人权为旗帜。“人权”向神性和专制展开了进攻，民主、自由、平等已进入了人们的公共生活。因此，从特定意义上看，公民与民主、平等，与人的解放、自由是同义的。若丧失“人的眼光”，丧失“天赋人权”，便模糊了甚至改变了公民的旨归，公民亦为蛮野所遮蔽。因此，公民教育之于我们应当是文化、政治上的一次重大启蒙，公民教育过程永远是人的文化启蒙、思想启蒙和政治启蒙。

就我国而言，公民教育起步较晚，但其思想却在民国初年就存在了，因此，对于德国社会学家韦伯所言“国家的公民这一概念是……中国所不知道的”，我们应当存有质疑。不过，在漫长的封建社会，我们还真的不知道“公民”“公民教育”，留在我们记忆中的是臣民和草民。臣民（子民）与奴隶制、封建等级制度紧紧联系在一起，具有无主体性，凸显从属性、绝对服

① 李萍，钟明华．公民教育——传统德育的历史性转型［J］．教育研究，2002（10）．
② 高峰．公民·公民教育·思想政治教育［J］．东北师大学报（哲学社会科学版），2002（4）．

从性的特质，故臣民无我。同样，草民一直与贫贱、无任何发言权紧紧联系在一起，凸显对皇权的顶礼膜拜、诚惶诚恐的特征和“卑微”的形象，成了真正的“沉默的大多数”。中华人民共和国成立以后，尤其是改革开放以后，臣民、草民已退出了历史的舞台，“人们以一种平等自由、独立人格身份参与到市场经济以及其他一切社会活动中来。由此说明市场经济孕育了新的人与人的关系，它为现代独立人格的发展开拓出了新的空间”[①]。但毋庸讳言，那种封建主义的残余思想仍多多少少地以各种形式存活着。这不仅不适应市场经济的发展，而且严重阻碍着和谐社会建设和社会主义民主政治的进程。可见，人的彻底释放，独立之人格，自由之思想之于公民、之于公民教育，是何其的关键。

就教育自身来说，素质教育的本质就是解放学生，全面提高学生素质，促进学生的个性发展。新一轮基础教育课程改革的宗旨就是以学生发展为本，面向所有学生，为民族复兴奠定基础。随着素质教育的深入和课程改革的推进，我们已取得了长足的进步，但常感困惑和艰辛，总是磕磕碰碰，有时甚至步履蹒跚，这是因为种种复杂的、深层的原因所致的“应试教育”干扰着改革和发展。正是在这样的情境和条件下，“背不动的书包”不仅压迫着学生的身体，更为严重的是伤害了学生的心理，甚至扭曲着一些学生的人格。正因如此，学生很难挤出时间和精力，学校也很难有空间让学生主动关心和参与社会的公共生活，而正在建构起来和逐步增强的公民意识又随之渐渐淡化乃至淡出。学生渴望取得进一步的解放，渴望在广阔的社会生活中表现一个公民的自我。

通过以上初步回顾和简单梳理，我们得出的结论是：人的解放与自由是公民教育的旨归，也是开展公民教育的前提与保证。在学校教育范畴，没有学生的解放，便没有学生自由的个性，学生没有自由的个性，就没有真正的公民身份，就不可能真正形成公民的现代精神。那么，作为一种人的自觉与

---

① 鲁洁．转型期中国（大陆）道德教育所面临的选择［C］// 21 世纪价值教育与公民教育国际学术研讨会交流论文，2000.

文明存在模式的公民，也就无从谈起。

二、解放学生的根本标志是让学生真正像个学生，进而成为真正意义上的公民

公民教育是反专制、反神性的锐利武器，是为了让学生逐步掌握这一锐利武器。没有得到解放的学生，是不可能拥有这一武器的，也是无法掌握、运用这一武器的——武器只在真正成为人的战士手上才会发挥威力。

值得注意的是，解放学生已提了这么多年了，但学生的真正解放还没有完全实现，其原因十分复杂。反过来说，在深层次上探讨并逐步解决这些问题，正是公民教育的目标和过程。在这一过程中，我们要在力所能及的范围内，以学生发展为核心，即以让学生真正像个学生为核心，解除思想上的障碍，坚定而勇敢地解放学生，以使学生成为真正意义上的学生，进而成为真正意义上的公民。

一是要把学生从过度的忙碌中解放出来。童年需要快乐，需要以快乐的心情去忙碌，也需要在忙碌中获得快乐的体验。现在的问题是，儿童过度忙碌。美国心理学家艾尔金德分析了当下儿童忙碌的两种类型。第一种是日历忙碌。“我们要求儿童理解超出他理解力范围之外的东西，做超出他们决策能力的决定，在他们还不具备意志力做一件事之前强迫他们去做。”① 成人们总希望，日历上的纸快快撕掉，让未来提前来到。于是，孩子们紧张起来、忙碌起来。第二种是钟表忙碌。“当我们时时刻刻热衷于忙碌时，在短时间内向孩子提出过多的要求，强迫孩子消耗他们储存的能量。”② 成人们总希望孩子们在钟表上那有限的几格（几分钟）内做无限多的事情，完成成人们所规定的任务。于是，孩子们忙碌起来、紧张起来。其实，这是成人把过高的期望投射在孩子们身上。这是滥用忙碌。滥用、过度的忙碌满足了父母、教

①［美］艾尔金德．还孩子幸福童年——揠苗助长的危机［M］．陈会昌，等，译校．北京：中国轻工业出版社，2009.
② 同上。

师和社会机构的需要，却让孩子们做出了不必要的牺牲，童年在忙碌和恐慌中逐渐消逝。这是成人对儿童权利的干涉和侵占，是成人对儿童的违约。如此，儿童在丧失童心的同时丧失了参与社会活动、参与公共生活的权利及时空，他们已不是学生了，在某种程度上成了听命于成人、被迫忙碌的“小奴隶”，而自古以来的“奴隶”从来就不属于公民的范畴。从过度忙碌中解放出来，最为重要的是成人们放弃揠苗助长的错误理念和做法，让孩子们慢慢长大。慢慢长大，这是公民意识逐步增长的过程，是体验公民意义的过程。

二是要把学生从过度的规范中解放出来。与忙碌一样，儿童的发展需要规范，养成良好的行为习惯；需要严格要求，养成良好的心理品质；需要制度的限制，养成良好的品格和心态。中国的古训“不守规矩，不成方圆”并没有老去，当下我们仍要坚守。但是之于中国学生，规范过早，好奇心、想象力在很小的时候，就被所谓的规范扼杀；规范过多，不少规范是不必要的制约，过多的规范犹如隐性的绳索捆住了学生自由的心灵和创造的手脚；规范过高，过高的规范无形中把孩子当作成人，当作优秀的模范，童心的消逝便是创新精神的终止；规范过急，过急的规范迫使孩子在极短的时间里就达到要求，在有限的时间里就“成熟”起来。诸如此类的“中国式规范”，实质是把规范与创新对立起来、割裂开来，是以规范代替创新，以规范驱赶创新。过度的规范同样是成人把迫切的期望、要求投射到儿童身上，其结果是学生不敢越雷池半步，总以为学校里、社会上的一切都是合理的、正确的，只能相信不能怀疑，只能服从不能质疑，只能守住不能突破。这样民主、自由的精神已不属于学生，学生已公然地被排斥在“公民”之外。因此，在多元文化面前，他们产生了价值困惑乃至迷乱，不会辨别，不会选择，不会抵制，不会创造。所有这些，使得学生的公民意识无法建构起来，更不会增强起来。为了培养具有时代精神的现代公民，需要让我们的孩子自己长大，自己勇敢地长大，在超越和创造中长大，成为真正的公民。

三是要把学生从“幼稚”这一年龄歧视中解放出来。孩子是幼稚的，但幼稚并不等同于无知，幼稚也不只是孩子的专利。看到一则报道：13 岁的华裔女童邹奇奇为大人们演讲，台下不是业界领袖，就是教育界权威，但她20分钟不到的讲话，台下大人们掌声爆棚。因为她为我们对“幼稚”作了最为生动又最为深刻的解读。她一开始就问大家一个问题：“像我这样的小孩，可能经常会被人说成是幼稚……这让我很不服气。让我们先来回忆一下这些事件：帝国主义和殖民主义，世界大战，小布什，请你们扪心自问一下：这些该归咎于谁？是大人。”接着她又尖锐地指出：“‘幼稚’这个词所对应的特点常常可以从大人身上看到，由此我们在批评不负责和非理性的相关行为时，应停止使用这个带有年龄歧视的词。”这位13岁的学生一针见血地指出，当下学生公民精神的缺失，与成人对“幼稚”的歧视是分不开的，成人们总认为儿童是不成熟的，不懂事理的，对社会、国家的大事是不会关心的，更不会发表什么有价值的看法。其实，成人们并不了解，儿童就是一种可能性，而可能性就是生命的潜能，就是生长性和创造性。因此，成人对“幼稚”的歧视实质是对儿童的歧视，是对儿童创造性的歧视。把学生从“幼稚”的年龄歧视中解放出来，十分重要的是重新认识儿童，发现儿童，尊重儿童，承认儿童的可能性。否则，这种歧视一定会把可能性包裹起来，让可能性为“幼稚”的外衣所遮蔽。因而在年龄歧视中，孩子们被从社会生活中拉回来，被关闭在狭隘之中，社会上的一切，祖国的未来、民族的复兴都会以“幼稚”为借口，被摒弃在教育之外，被拒绝在儿童的公共生活以外，公民素质中核心的权利与责任意识、平等与民主等公共精神也随之淡出。此外，把孩子从“幼稚”这一年龄歧视中解放出来，我们要相信孩子自己能长大，亦如邹奇奇所言：“我们的目标不是由小孩变成你们这样的大人，而是比你们强的大人。”“幼稚”的一代一定会成为推动社会和世界前进的下一代人，成为新的领导人。这样的学生才是公民社会所需要的、公民教育所要造就的公民。

解放让学生回归公民，回归的公民身份又在解放中不断明晰。这样，学生在公民教育中发挥了公民应有的作用，培育了公民应有的素质。

三、为解放了的学生提供公共生活的平台，又在公共生活中进一步解放自己，彰显公民价值

理论和实践告诉我们，公民教育最关键的是培育一种公民文化，提供公民意识得以滋生和生长的文化土壤。根据美国政治学家阿尔蒙德的文化理论，政治文化有三种类型，即地域型文化、臣属型文化和参与型文化。“只有参与型文化才是现代政治文化的象征，在这种文化内，社会成员对整个政治输入和输出均表现出明确的取向，同时，个人在政治体系中倾向于一种自我活动者的角色。”[①] 参与者、活动者，是公民身份的具体表征，参与、活动是公民发挥自己作用的具体表现。解放了的学生才可能参与公共生活，也才可能在公共生活中得到进一步发展。

解放了的学生既有参与社会的愿望，也有参与社会的能力。我曾不止一次地去无锡市东林小学考察。东林小学的前身是东林书院，它一直秉承东林书院的思想和精神：“风声雨声读书声声声入耳，家事国事天下事事事关心。”20 世纪 30 年代，东林小学的学生就组建了“东林市政府”。“东林市政府”是小学生的自治组织，有完整的机构，对应着社会的“市政府”：市长、副市长、财政局、文化局、卫生局、教育局、体育局、公安局等，政府机构一应俱全。所有职务均由学生选举、担任。学生把学校当作社会，在各种岗位上参与管理，体验公民的权利、义务和责任，学会关心，学会参与，学会建设，学会改进。这样的学校生活已被改造为“公民生活”。

时间过去了 80 多年，今天的东林小学继承了学校学生自治的优秀传统，根据时代的特点和要求，针对儿童的需要和兴趣，以建设“儿童玩文化”为主题，开展“课余生活俱乐部”试验，以学生自己发起、自己设计、自己活动、自己评价的各种俱乐部为载体，让学生自己管理自己，自己教育自己，并参与到学校管理中来。儿童的目光投向了学校，投向了社会，投向了

① 转引自：唐土林，林楠．公民教育的政治——文化范式解读［J］．西南师范大学学报（社会科学版），2006（7）．

国家，也投向了世界。东林小学学生自治组织的昨天与今天，都告诉我们，把学校生活改造为“公共生活”，让学生参与社会活动，是重要的，也是可行的。

学校公共生活的平台多种多样，中学生的社团、小学生的课外兴趣小组是其中最为典型，也是极为有效的形式。可能有人会说目前一些学校不缺社团和课外兴趣小组。可问题在于：首先，当下一些中学生的社团还名不符实，学生自治性差，自主性、创造性没有得到充分的开发，多数还在教师的控制之下。这种变了味的社团，不能真正达到公民教育的目的。其次，小学生的课外兴趣小组，是否一定要改作“社团”，这是一个可深入讨论的问题。如果自主性缺失，那么对于小学生来说，仍做兴趣小组为宜。但是兴趣小组一定要有兴趣，而兴趣来自学生的自愿。同时，兴趣小组应彰显学生自己管理自己的特点。最后，一些学校的学生组织，多为“体制内”的，而很少有“体制外”的。所谓“体制外”的，是指学生自愿组成的共同体，不需要教师组织，也不需要学校批准，更多的是小伙伴之间的自发的“小团体”。正是这种“体制外”的组织，凸显了学生的主体性、自由性和创造性，表现出了他们对社会生活、对国家大事关注的真切的热度，以及他们参与的能力和水平。这样的组织应当提供而不应当阻止，应当加强指导而不应干涉。正是这样的组织，形成了真正的公民文化。

在关注学校各种学生活动平台搭建的同时，千万不要忽略课程和课堂。课程建设是学校发展的战略性工程，课堂教学应是学校教育的“第一场所”，课程建设与课堂教学应当是公民教育的主要阵地。假若只关注学生的课外活动，只关注活动平台的搭建，而忽视课程建设、忽略课堂教学，有可能造成公民教育的“两张皮”，造成公民教育内容与形式的脱节以至错位。课程建设和课堂教学改革，应贯穿公民教育的主旨思想，加强学生的道德和法治教育，增强学生的公民意识，培育学生的自主精神，提升他们参与公共生活的能力。站在高高平台上的学生，才会有公民的自豪感、使命感和责任感。

鼓励“说出来”，人才方能好出来

教育部发布公告，就新修订的《中小学生守则（征求意见稿）》（以下简称《守则》）向社会公开征求意见。《守则》增加了一条：勇于发表见解。在学生守则中鼓励学生“说出来”，在我国没有前例。

概括起来，这一新规定在两个方面具有超越意义。其一，超越了长期以来确定下来的常规性要求。“上课专心听讲”“按时完成作业”，这些常规性要求并未过时，但止于这些显然不够。“勇于发表见解”显然有了超越，它指向了学生的思维、思想和勇气。其二，超越了一以贯之的规范性要求。中小学生需要规范，但单单强调规范是不行的，学生还需要抑或说更需要解放。“勇于发表见解”指向了学生的个性解放，指向了学生的创新与创造。这两个方面的超越意义，表明了教育理念的转变和提升，以及学生观、人才观的转变和提升。

如果再作概括，“勇于发表见解”指向的是学生发展核心素养。学生在学习中，总有一些品格是必备的，总有一些关键能力是不可或缺的。这些必备品格和关键能力就是核心素养。“勇于发表见解”正是学生发展核心素养的重要组成部分。“勇于发表见解”进入《守则》，要求我们不仅要着力培育和发展这一素养，还要对其进行考核和评价，使其成为学生个体的人格，进而成为中国学生的人格。

高扬“勇于发表见解”，有着深刻的意义。

其一，“勇于发表见解”迎合着新时代对人才发展的要求。

世纪之交，一些发达国家和地区以及重要的国际组织，都在研究学生发展核心素养，这是国际教育的共同走向。比如，联合国教科文组织曾提出四个学会：学会求知、学会做事、学会共处、学会生存，2003年又增加了“学会改变”，这些成为学生发展的五根支柱。学生“学会改变”，不但要适应改变，还要促进改变，改变自己。一个没有独立思考能力、不能勇于发表自己见解的学生，最终是不能适应改变的，更不会促进改变，当然也不能改变自己。这是新时代对人才的要求，是对学生发展应具备素养的呼唤和期盼。由此看来，新修订的《守则》已站在时代前沿，完全可以和世界对话。这是中国基础教育历史性的进步。

其二，“勇于发表见解”让教育回归了儿童原本的意义。

在原本意义上，儿童意味着自由和探究，探究、游戏、独立思考是儿童的天性。可是在传统文化中，缺失关于探究、思考、个性创造的因子。长期以来，对学生的要求是对标准答案的背诵，对知识权威的崇拜，规范要求高于、多于对学生个性解放的尊重。结果，泯灭了学生的天性，扼杀了学生的创造潜力，儿童已经不是本质意义上的儿童了。“勇于发表见解”进入《守则》，是对儿童天性的呵护，是对儿童创造性的解放。正是在“勇于发表见解”的鼓励之下，儿童回归了原本的意义和价值，真正成为儿童。我们坚信，中小学生对“勇于发表见解”这一规定是拥护的、喜欢的。

其三，“勇于发表见解”揭示了智力的核心。

儿童发展需要知识，但要超越知识，发展他们的智力。思维是智力的核心，这已经形成了共识。随着研究的深入，关于智力的核心又有了新的认识。美国哈佛大学的现代教学论专家爱莉诺·达克沃斯认为，智力的核心是精彩的观念，精彩的观念具有独特性、创新性，即有自己独到的想法，对世界的认知和表达有自己的视角和方式。这是智力理论的新发展。由此看来，学生勇于发表自己的见解，说明他的智力水平有了新的提高。事实证明，敢于创新，有重大发明创造的人，都能大胆发表自己的见解，敢于坚持自己的想法。基于这样的智力理论，教育教学改革将会再一次走向智力的内核。达克沃斯还说，诞生精彩的观念，关键是给予机会。“勇于发表见解”进入《守则》，就是为中小学生创造性地发展搭建平台。

现在的问题是，如何让《守则》这一规定真正转化为教育的政策、制度和行为？所有的政策、制度都应充分体现对学生个性发展的保护和鼓励。“勇于发表见解”，不是说所有的见解都是合理的，都是对的，但是不论什么样的见解都是有价值的。只有对“勇于发表见解”予以宽容、保护，学生才会有安全感，发表见解的勇气才能得到保留和生长，看似不合理的见解才会生发出令人欣喜的价值。在政策、制度中，尤为重要的是评价制度和方法，它们应该对学生有更多的尊重、更多的保护、更多的指引。这样评价才会从诊断走向发展，从结果走向过程，从“一把尺子”走向“多把尺子”。我们不难发现，《守则》内容、要求的变化，会带来制度的变化，带来教育的进步。

教育行为，尤其是教育方法同样重要。中小学生的见解，往往是从问题开始的，见解常常在他们的问题中，在他们的想象中，在他们的好奇中。良好的教育应当呵护学生的问题意识、好奇心与想象力。曾经举办过一个特殊的“世界问题大赛”。主办方说：“如果你有一个科学问题，请发送给我们！”“你的问题没有简单的答案。在我们这个时代，很多最重要的问题根本无法回答，这正是非常有趣的地方。但是想想看，你的问题可能带来科学上的新突破！”一名15岁的美国学生提问：“壳是怎么形成的？”这一问题吸引了5名科学家的关注，引发了许多思考，发表了不少论文。值得关注的还有两点：一点是最后获奖的10个好问题提出者要男女均分，保证让5名女生获奖。这启发我们，一定要鼓励女生“勇于发表见解”。另一点是10名获奖者接受颁奖的地方是在每年公布诺贝尔奖的地方。这告诉我们，有见解是多么重要、多么光荣！

这里不是无限夸大“勇于发表见解”的意义和作用，而是想说，新修订的《守则》体现了教育的进步，必将促进学生发展。

循着质疑声，去寻那高飞的雁

——由华罗庚与一位中学生的故事想到的

我在阅读中发现了数学家华罗庚质疑《塞下曲》的故事，以及一名中学生对华罗庚的质疑再质疑的故事，挺有意思，耐人寻味。

唐代诗人卢纶所作的《塞下曲》可谓脍炙人口："月黑雁飞高，单于夜遁逃。欲将轻骑逐，大雪满弓刀。"华罗庚对此提出了质疑——30多年前，他在《中国青年》上发表文章说："朔方大雪时，群雁早南归。月黑天高处，怎得见雁飞。"他不轻信古人，不轻信古诗，以一个数学家的严谨，发现这首诗的问题：北方下大雪的时候，群雁早就飞到南方去了，哪有大雁啊？月黑风高之夜，什么都看不见，哪能看见是大雁高飞呢？不谈华罗庚的诗词功力，也不谈华罗庚的敏锐，只说他的质疑精神，令人敬佩。

但是华罗庚的这篇文章发表以后，有一名中学生给他写信，也写下了一首诗，对华罗庚的质疑再质疑："胡天八月雪，大雁未必归。月黑不见影，寻声知高飞。"他说，古代"胡天八月即飞雪"，大雁还没来得及往南飞，因而根据现在的知识，判断这大雁"早南归"，是不可靠的；再说，"月黑天高处，怎得见雁飞"，诗人也没说看见啊，虽是"月黑不见影"，看不见，但是可以听见声音，这就是"寻声知高飞"！最后，这位中学生还对大数学家提出了批评，最后加了两句诗："今人论古事，岂可用意推？"不谈这位中学生的文学才华，也不谈他的古诗词功力，只说他的勇气、他的质疑和批判精神，非常值得我们学习。

都说中国的中小学生不缺知识，不缺习题训练，不缺技能，不缺记忆，缺的是问题意识，缺的是批判精神，缺的是创新品质和能力。问题非常明确，但我们又常常迷糊，一到课堂，一到考试，一到升学，问题意识、批判精神、想象力、创造力都被置于脑后，被知识、习题、分数遮蔽。比如，关于个性化阅读——一旦学生稍稍偏离课文，个性化的见解稍稍有点离题，马上就有人说，这是不对的，要纠偏。我们当然知道，学生的这些见解的确偏离了，不应肯定和提倡。但是这点儿偏离的东西，却鼓起了他们的勇气，点亮了他们的眼睛，锻炼了他们的思维，激扬了他们的个性，有什么不好呢？在价值的标尺上，我们究竟取什么为重？再如，学生的学习方式。课改提倡自主、合作、探究的学习方式，才刚刚起步，只是稍有起色，马上有人批评：你们抛弃了接受学习，自主学习、合作学习、探究学习过头了。是过头了吗？根本没有，连"头"还没到，根本没有到位。如此下去，还有什么质疑精神可言？

常说三个苹果改变了世界。苹果已成为创新的代名词。还有第四个苹果吗？第四个苹果能掌握在中国人的手中吗？要掌握在中国人的手中，首先要从中小学生敢于质疑开始。其实，那位中学生的质疑诗告诉我们，学生的质疑中有知识、有经验、有科学，会推测、会判断、会表达。所以，不必担忧学生的自主学习、合作学习、探究学习把知识丢掉了。循着学生的质疑声，我们知道儿童之"雁"、青春之"雁"已高飞。

世界公民和永远的中国人

江苏太仓明德中学的校园里，安放着吴健雄的灵柩。墓前，两个石球在潺潺的流水中轻轻旋转，象征着两个左右对称的钴核子衰变所产生的电子分布是不对称的。吴健雄，这位世界上最杰出的女性物理学家，以她的坚毅、睿智和深刻推翻了宇称守恒定律。她的墓志铭上写着："她是卓越的世界公民，和一个永远的中国人"。贴切而又深邃，平实而又深情，震撼着我们的心灵。

是的，为了人类的进步和世界的发展，吴健雄对科学做出了划时代的贡献，连同献出了她的诚挚爱心和聪慧。她是世界公民。然而，无论是默默工作时还是名震全球时，她始终背依着祖国，惦念着自己的民族。她的血管里永远涌动着炎黄子孙的热血，书信中激荡着浓浓的乡情。她永远是一个中国人。

世界公民，一个永远的中国人！让学生成为永远的中国人和优秀的世界公民，这是我们的责任。由此，我们想到了教育。经济全球化浪潮中的中国，正以更加开放的胸怀迎接世界，迈向世界。开放的中国教育，必然要积极地迎接教育的国际化，必然要调适自己的视角和坐标。我们究竟要把学生培养成什么样的人？显然，我们培养的学生，他们应该具有国家意识、民族精神，还应具有世界胸怀、国际意识、全球视野；他们要关注自己的国家和人民，还应该关注世界的发展、人类的进步、人民的幸福；他们应该成为杰出的中国人，还应成为优秀的世界公民、卓越的“地球村”村民。时至今日，学生的心灵之窗不向世界敞开，培养目标不瞄准世界，中国教育面向世界、走向现代化只能是一句空话，中华民族进入世界先进民族之林，也只能是口号和要求。

吴健雄的卓越与伟大，不仅表现在她对世界做出的贡献上，而且鲜明地凝练在“一个永远的中国人”上。我们培养的学生，就应该像吴健雄那样，是世界的，但又是中国的。经济全球化的浪潮中，也许什么都可以改变，或是淡化，或是淡出，甚至是消失，但有一样东西是永远不会也不应该改变的，那就是家乡的情结、国家的利益、民族的精神。

要让学生永远记住黄河、长江、万里长城，永远记住唐诗、宋词、元曲、明清小说，永远记住端午的粽子、中秋的月饼、春节的鞭炮。让学生永远念诵汉字文章，让汉字母语像母亲微笑的脸庞给他们以鼓励，像甜美的乳汁给他们以力量，在乡土、乡音、汉文化中陶冶他们爱国的情操、民族的气节。

我们不妨重复这样一个历史结论，越是民族的，才越是世界的；我们不妨认同这样一个时代判断：现代传统。“现代传统”的文化要素，不仅深刻影响着中国的新经济，同样深刻影响着中国的教育改革。让“世界公民和永远的中国人”进入我们的培养目标，渗进课程教材，流进学生的血脉里，烙在学生的人格和民族的品格中，成为教育的永恒追求。

弘扬传统文化的“照着讲”与“接着讲”

弘扬中华优秀传统文化是课程改革的重大使命。弘扬始终是个过程，用冯友兰先生的话来说，是“照着讲”与“接着讲”的过程。所谓“照着讲”，我认为就是原原本本、老老实实，把传统文化落实在课程与教学过程中，而所谓“接着讲”，我以为就是要接续，要发展，以至于创造。无疑，“照着讲”和“接着讲”相结合、相统一，弘扬的任务才能全面、准确、真正地落实，反之，假若只有“照着讲”而无“接着讲”，优秀传统文化就不可能闪耀时代的色彩，就不可能走向世界、走向未来，也就不是真正意义上的弘扬。

早在1933年，梁漱溟先生在山东邹平讲过类似的话：现在中华文化遇到了大困难，几乎到了崩溃的边缘，解决之道在转变，转变出一个新文化来才有出路。梁先生的长子梁培宽受其父的影响，在一次谈话中曾用一个比喻来阐释“转变”的道理：“中国的传统文化好比一棵古老的大树，这棵大树的叶子不断脱落，枝条死了很多，树干也伤痕累累，只有树根幸好还比较好，这就是古老中华文化之根……它还会发出新的芽，生成新的枝条，最后可以长成一棵参天大树。”梁先生父子所说的“转变”，其实说的是创造性转化，而转化的根基就是它的根、它的魂。在社会主义实现“四个全面”、迈向世界的今天，中华优秀传统文化更需要转变、转化。习近平总书记明确提出弘扬中华优秀传统文化要“创造性转化和创新性发展”的重要思想，这是弘扬中华优秀传统文化的重要指导方针。

文化正是在转化中发展、创新的，历史就是这样。1919 年五四新文化运动以后，针对原先的“赛先生”“德先生”，又提出“费先生”“穆姑娘”。费先生指的是哲学，穆姑娘指的是道德。费先生针对赛先生，提倡哲学以补科学之不足，穆姑娘针对德先生，提倡道德以补民主之不足。显然这是反思以后的调整、补充。文化思想使人更完善，也更具有时代特点。同样，其他国家亦如此。日本在明治维新以后，废弃了从中国引入的农历计时法，全面引入西方的公历。值得注意的是，他们并没有放弃原来的文化节日，仍然保留原来从中国传入的民俗文化习俗。以公历替代农历，改变的只是计时系统。但这一改变很重要，日本人认为，时间调整过来，就可以和世界保持同步了。由此看来，传统文化的创造性转化，无论是对文化本身的进步，还是对国家、民族的发展，意义和价值如此之大。“接着讲”不可忽略，须将其提升到文化弘扬极其重要的地位。

值得重视的是，在当下，中华优秀传统文化的传承在不少方面是有失偏颇的。比如，过多地在文化形式上下功夫，穿着古代的服装，行着古代的礼节，捧着古书，学着古人的样子读起来、唱起来。比如，恢复传统中的文化节日，演绎出状元礼，仍是那样的打扮，仍是那样的动作。我绝不是一概反对，而是说这些都是形式，而非根、非魂，非真正的文化精髓。这样的做法，容易让今天的孩子囫囵吞枣。这种做法只重视“照着讲”，其实是对“照着讲”还未准确把握，甚至是误读，其结果必然是误导。比如，尽管儒家学说是中华文化的主导，但绝不意味着中华文化只有儒家，还有道家、法家、墨家等，诸家各有所长，我们应使他们相辅相成，用“新子学”来共同教育今天的孩子。再如，在经济全球化的今天，在“互联网 +”的今天，如何以开放的心态，超越时空，超越国度，尊重、吸纳其他民族、国家的优秀文化，培植学生开阔的胸怀和视野，这方面同样要加强。总之，“接着讲”，我们的研究、落实是不够的，因而在某种程度上，影响了创新性发展。

创造性转化表现在许多方面，其中最为重要的是，尊重当今儿童的认知特点，遵循教育规律，并对传统文化进行时代阐释。因此，弘扬优秀传统文化的过程也是研究儿童、贴近时代的过程。若此，才是真正的“照着讲”和“接着讲”。

礼仪教育的追问

中国，礼仪之邦。“不学礼，无以立。”《论语》中此一句承达千年，源远流长，当然也流淌在教育的血脉中。这古典、优雅的血液，静静地，又是那么激情地在教育的脉管中汩汩涌动。的确，礼仪与教育有着天然的联系：礼仪，需要教育，“学礼”的过程就是教育的过程；教育要让学生在学礼中“立”起来，“立”是教育的目的和境界。礼仪，这一中华民族的文化基因，根植在教育之中；毋庸置疑，礼仪教育应当是教育的一个基本命题和重要内容。

观察一下当今的礼仪教育，可以欣喜地看到，我们在努力，也在进步。比如，礼仪教育有目标、有要求，中小学守则尤其是中小学行为规范，对学生必要的礼仪要求作出了明确的规定。比如，礼仪教育有内容、有载体，从品德课到语文课，从班队活动到课外活动，内容是具体的，载体也是多样的。再如，礼仪教育有丰富的资源，学生在国学经典诵读中汲取了养分，又从儿童文学作品的阅读中获得了时代意义。这些都是礼仪教育的进展。然而，无须作多么深入的观察和调查，便不难发现，礼仪教育还游于教育之外，还浮于表面，处于浅层。我们不禁要问：礼仪之邦安知“礼”乎？礼仪之邦，什么才是真正意义上的礼仪教育？礼仪教育怎么才能让学生“立”起来，又“立”于何处？我们有必要追问。追问的目的在于追寻与端正，在于端正后的改进，而改进才会有更好的坚守。

礼仪教育是素质教育的题中应有之义，礼仪教育就是素质教育。我们要追问的是，礼仪教育在学校教育中的地位高不高，空间大不大？素质教育是教学生学会做人的教育，学会做人必须具备必要的素养，不言自明。礼仪这一素养是必不可少的，因为一举手、一投足正是人的修养的表达，礼仪教育不受重视，必然导致盲目，便无计划可言，亦无目标可循。礼仪教育应当是渗透的，实践中却往往成为一种突击的行为，而突击则是为了应付，应付展示，应付检查。因为应付，便无渗透性，便无覆盖性，也便无教育性。以上这些问题，究其根源，是我们对礼仪教育的认识还不够，尤其是一些地区和学校热心应试，挤压了礼仪教育，其实质是挤压了素质教育。而我们应当给礼仪教育以地位，让它进入教育计划，给其以更大的空间，让其更健康地生长。

礼仪教育需要一定的仪式，在仪式中接受规范而生动的教育。我们要追问的是，有“仪”就一定有“礼”、有教育吗？礼仪礼仪，本身就包含着仪式，古代常常把礼仪寓于仪式。当今我们也需要这样的仪式，让学生经历必要的礼仪，就会感受到仪式感、庄重感、崇高感，就会受到感染和熏陶。而仪式实际上是一种文化的方式，彰显了文化的品位。然而，细细观察，当下有的礼仪教育的仪式文化含量是不够的，文化品位是不高的。我们常常发现，仪式成了一种表演，事前充分排练，当场“献演”，成了一种形式。还有一些学校，所有的表演都是教师设计和安排的，学生只是一种道具。这样的“仪”还有什么“礼”可言？还有什么文化意义和教育价值？大礼尚道，以礼立心。不仅如此，礼仪也应是发自内心的真诚，继而成为行为自觉。英国学者培根在《谈礼仪与俗套》中也非常明确地说，礼仪不能刻意，不能表演，不能矫揉造作。我们应当从礼仪这种符号背后寻找其价值本义，让学生真心体验，真情表达。此外，仪式只是教育的一种方式，礼仪教育的基本方式是日常生活中的训练和引导，而不应止于仪式活动。

学校的礼仪教育对象是学生，是从他们的需要和社会的要求出发，让学生真正像个学生，我们要追问的是，当下的礼仪教育从儿童出发了吗？让孩子还像个孩子吗？不可否认，礼仪教育必须有共同的、基本的要求，有做人行事的共同的基本规矩，这样学生才能获取通行证，才能立于社会，也才能走向世界。但我们常常忽略一个问题，学生与成人对世界的认知是不同的，因而对学生的要求也有别于成人。礼仪教育绝不意味着让学生失去孩子的天性，让学生成为小大人。实践中，礼仪教育常常自觉不自觉地让学生“速成”大人，像成人那样说话，像成人那样行动，比如儿童表演节目时那小主持人的一派成人礼节，实在是“过分”，这样的礼仪教育不是学生的，也不是为学生的。更要提高警惕的是，礼仪教育是规范学生的，绝不是束缚学生的个性，消解以至剥夺学生爱提问、爱想象的天性，这样势必严重影响学生创新精神的培养。对这样的礼仪教育，我们应当毫不犹豫地摒弃、规范与解放，纪律与自由一向是辩证却又难以解决的问题，这就给礼仪教育提出了一个重要的课题：礼仪教育让学生规范起来，优雅起来，还要让学生活跃起来，生动起来。我们要认真地去破解。

成志教育：清华附小的教育哲学

一、从成志学校到成志教育："照着讲"与"接着讲"中的坚守与创造性发展

每次在清华大学附属小学（以下简称"清华附小"）的校园里信步，总会有许多伟大的相遇。你会遇到孔子、孟子、管子，无论是"老者安之，朋友信之，少者怀之"，还是"我善养吾浩然之气"，都让你凝视、沉思；你会遇到《尚书》《左传》《少年中国说》，无论是"言以足志，文以足言"，还是"诚信者，天下为结也"，都让你情不自禁轻声吟诵起来；你会遇到梅贻琦、赵元任、梁思诚和林徽因，座座雕像熠熠闪光，让你怦然心动，不断回望……梅贻琦，那一袭长衫，儒雅从容，眼镜里透着温情与学术的尊严；当然，你会遇到"成志学校"的校匾，古老，悠远，恍然一瞬间又回到那1915年……

这一切，都已是过往，但马克思早就说过，时间是人类发展的空间。确实，100年已成了今天清华附小发展的空间。这一切都已成历史，但人类的智慧告诉我们，对未来真正的慷慨，就是把所有的一切献给现在。确实，清

华附小就在清华的脉络情境里，100 年的历史已链接着未来，慷慨地献给了今天的清华附小，而今天的清华附小又怀着中华民族文化之魂、清华的信念坚定地走向未来。其实，古训、雕像、校牌……都成了文化隐喻，在时间的洗礼中，隐喻皆已成了显喻，清晰地呈现在校园里，光照历史，激励当下，昭示未来。

担任过成志学校董事会主席的冯友兰先生曾这样阐释他关于学术研究的见解：既要照着讲，也要接着讲。他又说：信古不可，疑古不可，释古是两种态度的折中。[①] 这是冯友兰关于思想方法的一个核心理念，其目的是说清一个历史的事实和真理：既往好，开已来。今天，清华附小提出了一个重要命题：从成志学校到成志教育；提炼出学校的教育主张：成志教育。这正是在“照着讲”，又是在“接着讲”的具体行动。“照着讲”，承继、弘扬成志学校的优秀传统，珍惜并开发成志学校留下的最为宝贵的历史精神财富，让清华附小走在成志学校的轨道上，让其成为永远的集体记忆，从中汲取无限的激情和力量。“接着讲”，是在承继的同时，又进行创造性转换和创新发展，成志学校走向成志教育正是一种重要的创造性转换和创新发展。因此，关于传统的认知，在清华附小已不是过去时，而是现在时，也是未来时。清华的传统，成志学校的传统，将会成为“代代相传的行事方式”，成为一种“道德感召力的文化力量”和清华附小“历史长河中的创造性想象的沉淀”。[②] 这就是清华附小从成志学校到成志教育的重大价值。

“照着讲”“接着讲”已成为清华附小学习、研究的品质，还将成为清华附小的思想方法，必将成为清华附小发展的动力与规律。成志教育将历史与现状串连起来，必将引领清华附小从现在走向未来，从中国走向世界。

① 冯友兰．新理学［M］．南京：江苏文艺出版社，2010.
②［美］爱德华·希尔斯．论传统［M］．傅铿，吕乐，译．上海：上海人民出版社，2009.

二、成志教育的核心目的：在“自强不息、厚德载物”的磨砺与引领下做一个真正的人

校史记载，1914 年 11 月 5 日，梁启超先生在清华作题为“君子”的演说。他以《周易》中“天行健，君子当自强不息；地势坤，君子以厚德载物”两句卦辞勉励清华学子。此次演讲后，清华把“自强不息、厚德载物”定为校训，作图制徽。1917 年清华大礼堂落成时，“自强不息、厚德载物”的校训巨徽就镶嵌于大礼堂正额。成立于 1915 年的成志学校建在清华园内，当然深受“自强不息、厚德载物”的影响。“当时，成志学校的学生年龄不大，或许还听不懂‘自强不息、厚德载物’的深刻含义，但是，他们感受到了作为清华教职员的父母们的兴奋与大学生们激昂讨论的状态。小学生们经常钻进清华大礼堂里，仰头看那半圆形穹顶下高悬的‘自强不息、厚德载物’的校训巨徽。一批批的成志学校的学生，就这样受到了校训的洗礼。”①

梁启超题为“君子”的演说，“自强不息、厚德载物”的校训，目的是激励学生培育自己健全的人格，做一个真君子，做一个真正的人。所谓“成志”即成立人之志，成君子之志。一个真正的人，应有家国情怀，强烈的社会责任感，挺起民族的脊梁；应有天下情怀，关心社会的发展、人类的进步，敞开世界的胸怀。成人之志，说到底是成一个好人之志，使自己成为爱国的人，成为世界的人。

志，志趣、志气、志向也。自古以来，志是一个人生活与发展的核心因素。古训“三不朽”：“立德、立功、立言”，其深处是立志。无志，则不可能立言、立德，当然不可能立功。从某种意义说，所立之言，则是立志之言；立德须立志，立志便是一种立德；立志不是为了立功，但立功是立志的自然结果。又有古训言，自古英雄出少年。英雄少年、少年英雄无一不是立志者。从小立志对于一个人的未来发展，至关重要。常说的从娃娃抓起，最

① 窦桂梅，等．从成志学校到成志教育［M］．北京：北京师范大学出版社，2015.

为根本的应是立志要从娃娃抓起。

当下，小学生立志更具有现实针对性，显得更为紧迫。处在消费时代的人们，享受与娱乐成为一种生活追求和生活方式，物欲让人忘却精神的陶冶和追求，正如英国作家毛姆所言：“如果你紧盯着地面寻一枚六便士硬币的话，你就不会抬头，你就看不到天上的月亮。”这正是他的小说《月亮与六便士》的核心主题。这种社会风气侵蚀着学生的精神世界，腐蚀着学生的人格，影响着学生的健康成长。当下，成人们的精神亟须“再圣化”，孩子们的精神发育也亟须启蒙。再圣化、启蒙的核心就是立志。立志，走出平庸、低俗，走向崇高、美好，做一个有追求的人、有志向的人，成为一个真正的人，成为新时代的君子。清华附小以“立人为本，诚志于学”为校训，认真践行成志教育，既具有独特的校本意义，又具有广泛的普遍意义；既具有现实意义，又具有战略意义。成志，应当成为当今以至今后中小学生发展的重大主题；成志教育，应当成为教育的重要走向。

三、儿童之志：成就少年中国梦

窦桂梅校长说：“最初的‘成志’，穿过百年烟云，就是为了追随伟大的中国梦。”中国梦就是人民的梦，而人民把伟大的中国梦首先系于孩子们的少年梦上。梁启超在《少年中国说》中言及“少年智则国智，少年强则国强”。但我们要追问的是，少年怎么智怎么强呢？墨子在《修身》中说：“志不强者智不达。”如果作些演绎的话，那就是：少年志则少年智，少年智则国智；少年志则少年强，少年强则国强。少年梦是成志之梦，少年梦是成就自己的梦，成就伟大的中国梦。

清华附小努力践行成志教育，正是让附小学子从小就有成就少年梦的理想与抱负。清华附小的少年梦凝聚在以下几个方面。其一，凝聚在入学附小的价值选择上：“选择了清华，就选择了一生的责任。”梦想不是空想，而是切实的理想，是责任的体现，是从学会负责出发的永远追求，一个选择一生责任的人才会有真正的梦想，也才会真正实现自己的少年梦。其二，凝聚在成长目标上："为聪慧而高尚的人生奠基。"促进学生的智慧生长，成为聪慧的人固然重要，但还不够，还应成为高尚的人，抑或说更应成为高尚的人。当智慧与高尚牵手相伴而行的时候，才会更聪慧，才会更高尚。前行的道路上，少年梦才会飞向蓝天。而这一切，小学教育的使命在于为他们成长奠基，奠基的小学教育是伟大的教育。其三，凝聚在学生成长的形象上：健康、阳光、乐学。健康的身体、阳光的心灵、乐学的精神与品格，呈现着当代儿童的形象，孕育着少年的梦想，表达着他们成就梦想的信心与可能。其四，凝聚在校园的建筑话语中：启程、知行、修远、华韵、联盛、博雅、丁香书苑七座主要建筑，彰显着学校的精神格调，揭示了少年梦成就的路径，而且还自然蕴含着成就少年梦的关键元素，描述了少年梦的多彩蓝图，显现了丰富而生动的少年梦气象。

成志教育与成就少年梦的内在关联与意义建构，发生在学生发展核心素养上。成志教育是以"成志"为核心展开的教育活动或过程，指向学生发展核心素养。发展学生核心素养既是成志教育的核心内容，也是成志教育的价值旨归。清华附小进行了小学生发展核心素养的校本建构：身心健康、善于学习、审美雅趣、学会改变、天下情怀。这五大核心素养在国家核心价值观内核的观照下，与历经岁月砥砺的附小精神相呼应，与儿童发展规律与特点相适合，引领着附小学子们终身发展，践诺一生的责任，成就着美好的少年梦。

四、教师之志：成就新锐教师，成就名师

大家都熟知清华老校长梅贻琦的名言："所谓大学者，非谓有大楼之谓也，有大师之谓也。"梅先生不是大师，他有大师的风范。何非武曾回忆西南联大时期的梅先生："我多次看到梅先生和我们一起跑警报。梅先生当时快 60 岁，他从来不跑，神态非常平静和安详，不失仪容，总是安步当车，手持拐杖，神态稳重，毫不慌张，而且帮学生疏散，嘱咐大家不要拥挤。我觉得他那安详的神态，等于给同学们一副镇定剂：你看老校长都不慌不忙，

我们还慌什么？”梅贻琦的不慌不忙、平静安详、神态稳定，透出的不只是神态，更是一种风骨、风范。成志教育的对象不仅是学生，教师既是成志教育的施行者，也是成志教育的接受者。清华附小的教师在施行成志教育、成就学生之志的同时，也在立志、言志、行志、成志，成就自己的人生梦想。清华附小教师的共同志向就是成为新锐教师。新锐教师是好教师，好教师是先生。应当像陈寅恪先生那样，书读完了，但书是教不完的——永远在教书中改变自己；应当像王国维先生那样，追求人生之大成境界，“昨夜西风凋碧树，独上高楼望尽天涯路”，“衣带渐宽终不悔，为伊消得人憔悴”，“众里寻它千百度，蓦然回首，那人却在灯火阑珊处”，这样“人间词话尚在人间”——永远把学术献给人民；应当像季羡林先生那样，心有良知璞玉，笔下道德文章——永远做一个有良知的知识分子。新锐教师是好教师，“有理想信念，有道德情操，有扎实学识，有仁爱之心”，“做教育改革的奋进者、教育扶贫的先行者、学生发展的引领者”。好教师是反思性的实践家，不只是依凭经验重复生存的实践者，而且是有追求、会突破、能超越，在理论指引下勇于并善于进行教育教学改革的实践家。清华附小教师有更高的追求：从新锐教师开始，走向名师，走向教育家。窦桂梅校长为大家树立了榜样。她有远大的志向，“三个超越”正是她高远志向的映照：超越教材、超越课堂、超越教师。超越教师虽是对学生而言，在这里却也是对教师自己的发展而言，即要超越自己。“三个超越”已引领她在教育家成长路上越走越高，越走越好。相信附小的所有教师都将成就自己的梦想，做新锐教师，成为名师，在清华园里诞生更多的教育家。

五、学校之志：探索建构基础教育的中国范式，向世界发出中国声音

成志教育是清华附小的教育哲学。这一教育哲学将引领清华附小走向高峰，在仰望与攀登中占领小学教育的制高点，进而走向世界。这不是功利，也不是浮躁；不是不切实际的空想，更不是好高骛远的妄想。相反，这

恰恰是清华附小的天下情怀，是清华附小文化传承下来的鸿鹄之志，是清华人应有的视野和追求。梁启超先生在《少年中国说》中说道："少年雄于地球，则国雄于地球。"他还激情满怀地说："美哉我少年中国，与天不老；壮哉中国少年，与国无疆！"清华附小之美、之壮，就是要潜心研究，不断探索，锐意创造，努力办成具有中国品格、中国气派的小学，与国无疆，走向世界，向世界讲述中国教育的故事，彰显中国意义，发出中国声音；就是要有开阔视野、前瞻意识，在比较中与世界深度对接，在借鉴中与发达国家的小学教育同行，办成未来的国际化学校。这样对历史有个交代，对未来有个庄重的承诺，而当下、现在才是富有使命感的、高尚的，有脊梁和担当的，因而是伟大的。

鸿鹄之志总是有支撑和引领的，清华附小寻找到了，准确地说是创造了三大支撑和引领：一是核心价值观的引领。附小鲜明地提出了三个"合"：学校的发展与世界教育改革的趋势相吻合，与国家核心价值观的内核相契合，与历史岁月砥砺的附小精神相融合。附小把核心价值观深植于中华优秀传统文化的土壤中，校园里种种隐性的、显性的文化比喻，都已成为核心价值观的载体和符号，不断发出正能量，直抵人的心灵，文化基因在心田里滋生出核心价值观。二是课程的支撑与引领。清华附小建构了"1+X 课程"，这是附小的课程结构。它迎合着课程改革的走向：统整、综合，追求的是学生视界的开放、学习的跨界、知识的融合。实质上，这是一种通识的博雅教育，以成就人的完整性，推动学生在个性发展中生长创造性。无疑，这样的课程结构，建构的是小学教育的体系，让成志教育得以落实，让梦想既有起飞点，又有落脚点。三是公益服务的支撑与引领。清华人从清华诞生之日起，便有了民族、国家和社会责任的担当，这一担当体现在百年的公益服务上。在历史上，成志学校建校初期，就提倡公益事业。从西南联大回到清华后，就把周边的一所贫民子弟学校并入本校，让寒门子弟也能享受清华的教育资源。在今天，清华附小分别与朝阳、昌平、石景山等区合作办学，在北京构造的新教育地图上，看到了清华附小的辐射和真诚帮助。清华附小又把目光投向祖国的西北和边远地区、贫苦地区，向这些地区的学校伸出了援助之手，采用各种方式和途径与他们合作，在这一过程中也向他们学习。公益服务，是清华附小的志向，是家国情怀的生动体现。总之，以上三大支撑，既是成志教育的具体行动、切实保障，又是引领与发展。成志教育正在走向深处，走向高处，走向远处。

六、成志教育的立场：让儿童站在学校教育的正中央

成志，一生的教育；成志教育，从历史的深处走来，走到今天，走向未来，具有鲜明的方向感、厚重的历史纵深感、鼓舞人心的未来感。它是深刻的、大气的，但又是生动的、活泼的。因为成志教育站在一个非常重要的立场上，那就是儿童立场。所谓儿童立场，就是一切从儿童出发，一切为了儿童的发展。

成志教育让儿童成为成志教育的主体。儿童不只是成志教育的接受者，还应是参与者。在清华附小的成志教育中，儿童参与教育的过程，参与课程的开发，参与活动的设计，参与学校教育的评价，等等。参与正是立志、言志、行志的过程，是成志的具体行动。这是一。成志教育让儿童成为创造者。成志教育不是把儿童变成听话者、服从者，相反要成为有个性的创造者。创造、创新成为附小学生共同的志向。在校园里，你可以看到一些小创客，一派生气勃勃的景象，让你感动、欣喜。这是二。成志教育以儿童喜欢的方式进行。成志教育的厚重感，绝不意味着教育的沉重；成志教育的方向性，也绝不意味着教育的空洞说教和教条式的灌输。在清华附小，成志教育既走在科学化之路上，又充满着教育的艺术和智慧，学生们是喜欢的，成志教育是有魅力的，因而是极富成效的。这是三。成志教育让儿童走向诚信，走向行动，走向思考，走向“儿童深度”。很有意思的是，成志学校曾一度改称诚孚学校。成与诚，诚与成，就这么在学校的历史发展中，自然地站到了一起。诚者，成也；成者，需诚也。同时，清华附小的学生，总是在行动着、思考着。他们游戏着，又在生长游戏精神；他们活动着，又在思考和追求活动意义；他们用自己的脚步去测量学校，测量社会，用头脑去思考，用

心灵去感悟，让成志教育有了一种深度，这是“儿童深度”。这是四。我们不得不说：成志教育让儿童站立在学校教育的正中央。这是一种志，是伟大之志；这是成志过程，是自主生长起来的生命发展的过程。我们要说：成志，一生的教育，一生的追求，一生的责任、意义和光荣。

共同责任的担当

——为教师的一点辩护

《环球人物》2月27日刊载了记者对国防大学教授金一南的专访。记者向他问了这么一个问题：现在有人担忧中国人信仰缺失，中华民族精神缺失，您认为是什么造成了这个问题？金一南教授毫不犹豫地回答：我认为是教育。接着他讲了一个故事。中俄边境会谈，黑龙江一位边防团长在俄罗斯哈巴罗夫斯克烈士陵园里，看见幼儿园教师带着幼儿围坐在一起，讲烈士的故事。教师哭，幼儿哭，大家哭成一团。这位团长感慨地说：我们现在还有能在烈士陵园流泪的教师吗？他的结论是："信仰缺失，精神缺失，问题不在孩子，在教师。"然后，他又举了一些例子，"比如，我们有多少做父母的、做教师的，在公开场合诋毁我们一个又一个英雄？"

金教授的话语中，有愤慨，更有指责。应当承认，他说的事情是存在的，所揭示的问题是严峻的。我们大家都愤慨，都会指责，同时也会以大声疾呼的方式发问，以警醒众人。不过，他的结论"问题不在孩子，在教师"，我是不敢完全苟同的。因为它有失偏颇，没有找准问题产生的根本原因，很容易误导别人，以致不能从关键处分析原因、采取措施，从而没法真正解决问题。此外，这一完全针对教师的指责有失公允，对教师、对学校，甚至对整个教育是不公平的。面对这一问题，我们应该发出应有的声音，不仅为了求得公平的对待，还在于明确我们应有的责任担当，更在于从更深的层次上去分析问题，进而明晰从根本上解决问题的思路，有更宏阔的视野和更大的责任担当。

一、价值观问题、公民道德问题是世界现代化进程中的共性问题

这一共性问题，既与社会转型有关，又与市场经济发展联系在一起。在现代化进程中，社会由传统向现代、由封闭向开放转型，必然产生价值观和道德观的碰撞，进而产生价值困惑和道德迷茫。在市场经济的背景下，市场的商品交换关系向非市场领域渗透、迁移，导致价值领域、道德领域的失范。早有有识之士对价值的困惑、道德的迷茫所带来的精神信仰缺失表示担忧，他们还将这一现象称为国家、民族的“成长中的烦恼”，并努力寻找公民道德进步与经济建设相协调的机制和规律。无论是美国提出的“责任公民”，还是新加坡要重构的“新加坡精神”，都是在这一方面的积极行动。

由此，可以有以下两个基本结论：一是信仰缺失问题、价值困惑问题、公民道德问题，具有世界的普遍性，不只是中国，其他国家也面临着同样的问题。说问题的共性，并不是自我安慰，也不是自我解嘲，更不是丢弃责任，而是要在全球性问题及其发展格局中找到普遍性的原因和对策。当然，当前我国价值、道德失范，显得更突出，阶段性特征更明显。正因如此，对于促进道德建设，实现经济与道德协调发展更重要、更紧迫，我们也更加期待。二是解决失范问题，不是哪个部门、哪个行业的责任，当然也不只是教育的问题，更不只是教师的问题，而是政府整体设计、加强统筹、全面推进的问题。习总书记在全国宣传思想工作会议上指出，要加强社会主义核心价值观建设，全面提高公民道德素质，体现了国家的主导思想。可见，金教授把所有责任归给教师是不公允的，他似乎缺失了大视野和大智慧。作为国防大学的教授，他的这种结论，我们深感惊讶和遗憾。

二、对于提升公民道德素质，理解和践行社会主义核心价值观，教育是有责任的

教育改革中确实存在重视智育忽视德育、追求知识而丢弃学生道德发展、以分数为唯一标准而排斥学生全面素质提高的现象，相信金教授所转述的边防团长见到的现象是真实的。假若我们经常这么问一问自己：我们今天有多少教师，在公开场合诋毁我们一个又一个英雄？相信这是在提醒和警示我们。正如金教授最后所说："一个民族若背叛了自己的光荣与梦想，除了成为个人利益至上的一盘散沙，还能有什么结局？"我们非常赞同这个观点，所以教育一定要树立起德育为先、育人为本的理念。党的十八届三中全会通过的《中共中央关于全面深化改革若干重大问题的决定》，把立德树人作为教育改革和发展的根本任务，是非常正确的。立德树人，不只是德育问题，而是育人模式的问题，但首先是加强德育的问题。要以立德树人统领教育教学改革，要把立德树人融入一切教育教学过程中去。立德树人根本任务的提出，将会改变教育教学只重视智育忽视德育的倾向，我们应当坚持不懈，积极探索，认真加以落实。

不过问题的另一面是，教育的目标和任务总是有限的，教育改革和发展不能解决我国现代化进程中的一切问题，把责任、希望全部系在教育上，这肯定是不应该的，也是不现实的。同样，这种为教育的辩护，绝不是躲避责任、放弃担当，相反是要在社会主义核心价值观的培育、践行中，明确自己的地位、任务、责任和特有的途径、方式，更有效地推动社会主义核心价值观建设、公民道德建设。这里我们有一个基本观点，那就是各行各业、社会各界都从各自的任务和特点出发，共同努力，信仰和精神缺失问题一定会得到解决。可见，把所有的责任都推给教育显然是不合适的，是不正确的。

值得注意的是，金教授的判断"问题不在孩子，在教师"，很成问题。从教师和学生两个视角说，责任当然不在学生，而在教师。但是从学生与社会关系看，他们生活在教室、校园里，也生活在家庭、社会中，他们受到社会的影响更多、更大。因此，学生出现问题的责任肯定不全在教师，而在社

会。金教授的这一判断略显武断。这种武断式的判断，恰恰忽略了社会的责任和社会的行动，从根本上解决，说老实话，教师的确需要进一步提升立德树人的自觉性，但是我们也不应该忽略教师的刻苦努力和创造性实践。教师都在努力，据我了解，教师公开诋毁英雄的非常少。金教授并没有深入调查，缺失的是调查研究品质。此外，依凭学生哭了没有，尤其是以幼儿哭不哭为标准来衡量、判断我们的精神、信仰缺失或不缺失，似乎过于浅表化了。

最后说点多余的话：以上这一切是从另一个角度讨论教育、学校、教师关于社会主义核心价值观、道德教育的责任。别误解！

从自己的脚下开始迈步吧

德育，说起来重要，做起来次要。德育“言行”不一，真的很尴尬。这是一个真问题，不是伪问题；是一个普遍存在的问题，不是某个地区某个学校的个别问题。德育的尴尬，其实是我们自己的尴尬。为了不让德育尴尬，说到底，应该让德育回到原来的位置上去，使其呈现原本的状态和面貌，发挥其应有的功能和作用，进而使教育不再扭曲，恢复原本模样，在正常的轨道上运行，从而让我们不再纠结，按照教育规律去办事。德育不再尴尬了，教育就正常了，就辉煌了，我们也就自信、幸福了。

毋庸赘言，德育尴尬本身就已清楚地说明，德育现状是不正常的。尴尬本身就是异常，就是背离；尴尬本身就是滑稽，就是讽刺；尴尬本身就说明这一状况应该改变，而且必须改变，但又显得无奈，因而陷入莫名的痛苦之中。因此，我们固然要继续揭示种种尴尬的现状和事实，这样做会让我们有一种痛快淋漓的感觉；但这不是我们的重要任务，更不是我们的首要追求。我们的任务与追求，是从尴尬的背后发现原因，尤其是深层的原因，进而寻找不再尴尬的根本办法。

中国科学家屠呦呦因为发现青蒿素而获得2011年度拉斯克临床医学

奖。在接受美国《临床研究杂志》访谈时，她引用了诺贝尔医学奖得主约瑟夫·戈尔斯坦的话来说明自己找到青蒿素的思路和办法。戈尔斯坦说："生物医学的发展主要通过两种不同的途径，一是发现，二是发明创造。"屠呦呦说："很荣幸，这两条路我都走。"我由此联想到了德育。德育不能等同于自然科学研究，不过寻找解决问题的办法应当是相通的，那就是既要去发现，也要去发明创造。

一、发现，要从德育的外部去发现，即发现整个教育存在的问题

毋庸讳言，当下整个教育仍在应试教育的轨道上运行。应试教育的本质特征就是以知识为本，以分数为本，以升学率为本。在这种应试教育体制下，德育当然只闻其声，不见其形，说起来重要，在分数面前肯定是不重要了。应试教育是最不重视德育的教育，是最不道德的教育，是最无人性的教育。可恶的是，奉行应试教育的人还常常冠冕堂皇地说：我们十分重视德育。其实，德育早就被分数、升学率吞没了。在应试教育之下，德育的尴尬不可能摆脱。《国家中长期教育改革与发展规划纲要（2010—2020年）》明确规定：素质教育是战略主题。要让德育不再尴尬，就必须坚定不移地实施素质教育；实施真正的素质教育，必然会坚持德育为先，德育也就不会再尴尬了。

还有，我们常常打着德育的幌子干违背德育宗旨的事儿。我经常听校长们说起教师节的苦恼，也经常听教师诉说"六一"儿童节的郁闷。教师节本是教师自己的节日，在节日里可获得专业的自信和幸福。领导为表示尊重，要来慰问教师，无可厚非。可结果呢，教师汇报，领导听取汇报，提要求，作指示，教师只是陪衬，教师节成了"领导节"。儿童节更为过分。为了迎接某些领导的祝贺，小朋友们在艳阳下苦练节目，等着为领导表演。可是领导很忙，半天要去好几所学校，结果只待了几分钟，便匆匆离去。儿童节成了为领导表演，向领导"邀功请赏"的日子。教师节、儿童节这么好的德育契机都被糟蹋了，当前还有什么德育可言？德育现已演化为一种形式、一台

过场戏。究其原因，肯定出在领导层、决策层，可是如果我们有一点儿理直气壮的申辩，如果我们有一点儿自主的勇气，如果我们有一点儿坚守的智慧，会不会是另一番光景呢？我无意把责任推给学校，推给校长和教师，无意为领导开脱责任，只是想说，有时尴尬和我们自己相关。德育的形式主义不除，德育的“官僚化”不除，尴尬会永远顽强地存在。消除尴尬，我们也有责任，我们应当自己解放自己，我们应当从自我做起。也许那句话是正确的：我们不能改变大环境，但可以创造小环境；我们不能改变别人，但可以改变自己、超越自己。

二、发现，更要从德育的内部来看

先说师德。有人将中美两国的师德要求作了比较。中国的《中小学教师职业道德规范》共有六条要求，“志存高远”“严慈相济”“诲人不倦”“终身学习”等，基本上可以称作“美德伦理”，不具操作性。而美国的《教育职业道德规范》只列举了“对学生的责任”“对本职业的责任”两大原则，提出 18 条具体要求，如“不应该无理阻止学生接触各种不同观点”“不应该利用教师的职业关系谋求私人利益”等，没有高谈阔论，只有对一系列不当行为的抵制与排除。由此，我们不难看出，师德的尴尬，最大的毛病就是唱高调，满足于口号的漂亮和响亮，追求美德伦理，而忽视规范伦理，这样反倒使规范落空。进一步来看，整个学校德育要求过高、过急，脱离实际，脱离了生活大地，这怎能不陷入高要求与行为的背反之中？我们应勇敢承认，德育的尴尬与我们自己有关。为了不让德育尴尬，请放低德育的身姿，向生活靠拢，让德育渗透在生活中，让德育显得更自然、更实在，这样尴尬就会渐渐远离我们。

再说学生。学生的德育从哪里开始？易中天先生写了一篇短文《“擦桌子的主义”之排列组合》，文中说副班长喜欢擦桌子，先给自己擦，还给前后左右的同学擦。次数多了，班长就有点不舒服，感到困惑：这么做是否矫情？是否虚伪？或另有所图？易中天对于擦不擦、怎么擦，概括为四种组合，言之凿凿。可是副班长是怎么说的呢？“我没有想那么多，随手就擦了，手里有一块抹布，擦一张桌子也是擦，多抹几下也不费什么事……我没想那么多。”是啊，我们常常把简单问题复杂化，总是左分析、右讨论，搞出一个什么主义来，结果呢，我们尴尬了。文章最后说：“实际上，如果每个人都把自己的擦干净了，天底下就没有脏桌子了。”是啊，大家都从自己做起，而不要夸夸其谈，不要坐而论道，我们也就不尴尬了。这些都说不上是什么发明创造，却又都实实在在地存在于我们中间，学生和教师正在实践中，不声不响地创造着。让德育自然起来，让德育平实起来，让师生自己去面对、去处理、去创造，德育尴尬的局面是可以改变的。

大概会有人批评我，把责任过多地推给了我们自己。这种批评没有什么不对，但我坚定地认为，为了让德育不再尴尬，从我们自己的脚下开始迈步吧，这样也许会更妥帖。

不要忘了素质与分数背后的人

我十分赞同这个论题。这一论题表现了我们的一种勇气，即要敢于面对现实；也表现了我们的一种品质，即讨论一定要从实际出发，要有助于问题的研究与解决，哪怕只是向前推进一点点。

凡是有教育良知和社会责任感的人，都不应回避基础教育存在的这个严峻的事实：当下，升学率是衡量中小学教学质量和办学水平的重要标准，甚至是唯一的标准。在关键的时段，有的地区和学校，分数几乎成了生活的主旋律，几乎成了学校表情的风向标和调节器。这是很不正常的，发展下去也是很危险的，其道理不言而喻。但是我们常常避而不谈，当然，主要原因是我们感到自己势单力薄，无能为力，表现为一种无奈。不过，毫不客气也毫不夸张地说，某些学校的领导，还会为分数而津津乐道，至于学生的身体素质、品德状况则为分数所湮没、所掩埋。这就更危险了。尽管这一问题的解决，需要体制的改革，特别是升学制度和评价制度的改革，但并不意味着我们没有任何的责任担当，也不能说我们就无能为力，束手无策，只能“坐而待毙”。我们首先要有揭露矛盾的勇气，其次还要有责任意识和使命感、紧迫感，同时还要在力所能及的范围内，尽到我们应尽的责任和努力。所以，提供这一论题，把论题非常沉重地呈现在我们面前，似乎是在背后猛击一掌，大喝一声：这种情况再也不能继续下去了！

我还很赞赏这个论题。我们不仅从问题出发，而且把问题进行整合，形成一个命题：素质与分数的辩证。这一命题的实质是一种导向，是一种暗示和启发，必定对中小学教育尤其是初中教育，产生积极的作用。

实事求是地说，我们对分数与素质的关系，在理论上还是比较清楚的，即应以全面提高和发展学生的素质为目标。但事实却不是这样，教育的出发点和归宿不是学生的素质，而是学生的分数。这种教育逻辑的颠倒与混乱，常常使我们非常困惑和苦恼，我们常常是在违背自己的良知和理智行事。不过这一现象和状况，往深处说，往实质上讲，正说明我们在理论上还没有搞清楚，有时实践中的糊涂恰恰是理论上的模糊，有时实践中的胆怯恰恰是理论缺乏勇气的表现。如果我们一直在实践中打转转，而不触及理论上的问题；如果我们一直为感性的现象所迷惑，而没有理性的清醒与更为深入的思考和思想的深刻，那么现实中的问题、实践中的问题，最终是不能得到解决的。

以“素质与分数的辩证”为题，引导我们把目光从分数向素质转移，不能只盯在分数上，而是要盯在素质上，聚焦在“辩证”上，即学会辩证地看问题。显然这不仅具有方法论的意义，而且具有价值论的意义。而教育中诸如此类的问题还是很多的，我们不妨从问题出发，寻找问题间的关系，进而形成命题，以此来锻炼我们的理性思维，端正我们的视角，这是素质与分数的辩证。

素质与分数的关系可能很复杂，也可能很简单。之所以变得复杂，是因为掺进了许多不应加入的因素，说得透彻一点，问题复杂的实质是人为因素的复杂，是人使其变得复杂。

我觉得素质与分数的关系应当是简单的。

其一，教育应以全面提高学生素质为目标为中心，素质高于分数，分数应当服从素质。中小学教育就应当是素质教育，素质教育揭示了中小学教育的本质属性和根本任务，中小学教育的终极意义就是为学生全面素质的提高和终身发展打下扎实的基础。素质教育应当是中小学教育的主旋律，衡量中小学质量和办学水平的不应该是分数和升学率，而应该是学生的素质。而分数应当是素质教育过程中的一种反映，分数应当成为素质的一种体现。因此，把分数凌驾在素质之上，甚至以分数取代素质，让分数成了唯一，是对中小学教育根本性质和任务的错误理解，必然背离素质教育的宗旨和方向。素质与分数的关系，可以检验我们教育的信念，甚至可以检验我们的教育常识。信念可以使我们的行动坚信不疑、坚定不移，常识可以使我们不犯简单的有悖常理的错误。素质与分数的辩证，可以归纳成这样的信念：中小学教育必须以素质至上，而非分数至上。

其二，应当在素质提高的前提下让学生争取较高的分数，应当使分数成为提高学生素质的过程。分数是不可回避的，它非常现实地摆在我们面前，谁要是忽略了分数，甚至只是轻慢了分数，在当下都是行不通的。道理很简单：分数毕竟是成绩的一个标志，甚至在某些情况下分数是素质的一个标志；在评价标准和方法尚未有根本性变革的当下，分数的作用仍然是非常大的。但是，不回避并不是迁就，而是应当促使分数归位，即回到素质教育的轨道上去，必须在素质教育的理念下看待与对待分数，使分数真正成为素质的一种标志，使追求分数成为提升学生素质的途径之一。事实上，获取分数的途径与方法是多样的，因此，分数与素质的关系也是多样的。无须多作解释，一味地加班加点，牺牲学生的时间、精力，牺牲学生的兴趣、爱好和个性，当然可能甚至一定会获取高分，但是这种高分的代价太大，是不值得的；这样的高分也不可能稳定，更不可能持续发展，是我们不需要的。显然，这样的分数不是素质的标志，而且这样的过程也极大地伤害了学生，阻遏、破坏了学生全面素质的提高。在素质提升的前提下提高分数，使分数成为提升学生素质的途径、方法和过程，这就是素质与分数的辩证。

以上的讨论，都说明素质与分数的背后是人的问题。我们不能空谈素质而不谈人，更不能只见分数不见人，只要分数不要人。离开了人，离开了人的发展，素质与分数的辩证就失去了意义，也就无所谓素质与分数的辩证。

教育是关于人的教育，素质教育是关于人的素质全面提高的教育，是为提高全民族素质奠基的教育。人需要教育，教育离不开人，教育也应当塑造人。可是长期以来，包括当下，教育中人是缺席的，人是被肢解的。也许尼采说得过分了点，但却十分尖锐地揭露了教育的弊端："真的，我的朋友，我漫步在人中间，如同漫步在人的碎片的断肢中间！……我的目光从今天望到过去，发现比比皆是：碎片、断肢和可怕的偶然——可是没有人！"尼采这段话是对现代商业化和工厂奴隶制导致的后果的激烈谴责。但是在应试教育日益加剧的今天，尼采的话还是有针对性的。当下的教育，应试、分数、升学率控制了人，伤害了人性，驱赶了人的创造性，这多么危险、多么可怕！我们怎能只要分数而不要人，不要人的健全发展，不要人的全面发展呢？完全可以这么说，分数至上的教育、应试教育是最不道德的教育，而且它根本不是教育。

素质与分数的背后是人，还有一层重要的意思，那就是教育是人创造的，教育的现状是人可以改变的。应试教育是制度造成的，说到底是人造成的，但人可以摒弃它、改造它。人最具主动性、自为性和自觉性，人的主体性就应该体现在扭转素质与分数的不正常关系上，否则人就成了分数的奴隶，丧失了主体性。人应当成为分数的主人，让分数听从人的呼唤和支配，让人去创造最好的素质教育，成为素质与分数辩证法的核心。

校长和教师很辛苦，很为难，我们应当了解他们、理解他们，不能把分数对素质的扭曲、对教育异化的责任都加在校长和教师身上，这不符合事实，很不公平。但是校长和教师必须有理想，必须仰望星空，必须有更大的价值追求，必须坚定自己的主张。

一些校长被分数困扰，甚至被分数压倒，只承认现实，只在现实中叹息。事实证明，没有教育的理想，就不可能有理想的教育。我们应该牢牢记住：人是被理想领着走的，人是被未来领着走的。正因为这样，人栖居在大地上，劬劳功烈，千辛万苦，但人却诗意地栖居。诗意来自理想的鼓舞，在本质上就是对现实的改造，就是对美好未来的创造。我想非常真诚地对我们的校长和教师们说：把现实与理想结合起来，以理想来引领现实；也许很不容易，但只要坚持就会有所改变。

素质与分数的辩证，不只是理念的问题，而且有一个复杂的、科学的操作系统。其中最为重要的是进行课程改革，变革课堂教学，进行考试改革，变革评价制度。当学生发挥主动性，积极地去学习而获取的高分，才会内化为他的素质。而学生的这种学习状态和学习方式，只有在改革现有的教育教学体系的前提下才能形成。

当然，分数与素质背后还有政府。我们更应该对政府主管部门说：对应试教育，态度应该严肃起来、严格起来、严厉起来，措施强硬起来，这样素质与分数的辩证才会真正确立起来。

素质与分数的辩证，最终要求我们确立正确的教育观、质量观和人才观。透过分数，我们应该放眼素质教育广阔的地平线，素质教育理念下正确的教育观、质量观、人才观将会引导素质与分数的辩证，将会把我们引向更美好的教育境界——我们坚信。

对幸福的追寻和创造

人们一直在追寻着幸福，对幸福有诸多的向往和诠释，有诸多的快乐和苦恼。幸福，是一个古老的话题。

当下，人们仍然不懈地追寻幸福，对幸福又有了诸多新的体验和演绎，同时又有了诸多的困惑和不解。幸福，是一个“年轻”的话题。

我们追寻幸福，幸福也一直伴随着我们。但是，我们总觉得幸福与自己若即若离，总觉得幸福只是在远处向我们张望。幸福，是一个神秘的话题。

其实，幸福并不神秘，并不遥远，我们可以理解她，也完全可以追寻她。就在古老与“年轻”话题的讨论和交汇中，我们可以和她同行、同往，让她进入我们的生活，进入我们的心灵。

如今，这个结论已被东垶实验学校（以下简称“东垶”）的校长、教师和学生们所证明。他们说：幸福教育是我们的核心理念。在这一核心理念的引领下，东垶要成为提升师生幸福指数的“教育幸福场”，成为师生共同的精神家园。他们把幸福教育的内涵界定为：理解幸福，追求幸福，创造幸福，享受幸福。他们对幸福的理解是：幸福不是外在的恩赐，也不等同于物欲的享受，而是由成功带来的喜悦，是精神上实实在在感受到的一种与生命产生共鸣的体验。就是这样的幸福教育，撑起了东埄教育理想的星空；就是这种教育带来了幸福，理想的教育在东埄的校园里萌发、闪光。

东埄进一步告诉我们，幸福并不神秘、并不遥远的密码就在于“人”——在东埄校长的教育哲学、领导智慧与管理风格，在东埄教师的核心理念、教育智慧与自身幸福感的体验，在东埄学生主体地位的确立、个性的发展与解放感和自由感。归结起来：东埄教育幸福的核心理念来自东埄人对教育的理解和追求，来自东埄的实践和创造。离开人的幸福是不存在的，离开人的创造的幸福是虚无缥缈的。从这个角度说，东埄的幸福教育是东埄人创造性劳动的成果。

一、幸福教育是为了学生发展的幸福，而学生发展的关键在于解放学生

学生的本质是儿童。泰戈尔说：儿童永远住在那神秘的地方——儿童永远是神秘的。瑞典文学院的学者说，儿童是星外来客——儿童是陌生的。儿童的神秘与陌生，常使我们误读儿童，而且“撞倒”儿童。所以，教育儿童，首先要了解儿童，不断地认识他们，发现他们，同时要引领他们，发展他们。

东埄采取了种种措施，给予学生幸福的感受和体验，这些举措之所以有效，正是基于对儿童的认识，其关键是解放儿童，让儿童回归原本意义，成为本真儿童。

其一，实行“学生校长助理制”。需要学生当校长吗？学生能当校长吗？这样的疑问和追问是必然的。“学生校长助理制”只是一种制度，“学生校长助理”也只是一种称号。但是制度和称号的背后，是对儿童可能性的认识。儿童的可能性是儿童的最伟大之处。所谓可能性，用陶行知先生的诗来解释最恰切不过：“人人都说小孩小，谁知人小心不小，你若小看小孩子，便比小孩还要小！”可能性就是儿童创造、发展的潜能。教育的信条应当是：一切皆有可能。因此，陶行知先生早就让学生自治，让学生当小老师、当小

助手。东埄的“学生校长助理”正是对儿童可能性的确认和信任，他们的教育视线从“现实性”转向儿童的“可能性”，而且对可能性的发掘从关注和开发现实性开始，使可能性逐步成为现实性。

其二，让儿童玩，让他们有足够的机会去玩。玩，是自由自在的游戏，是无拘无束的活动，是孩子心情的放松，是孩子心灵的闲逛。其实，儿童在拉丁文中，其义就是自由者；儿童是天生的探索者，是最杰出的游戏者。让孩子玩，就是让“儿童”回归其本义与原义，就是让“儿童”回归其本性与天性。儿童在玩中创造了规则，在玩中探究，在玩中追寻理想，在玩中实现自己的梦想。说到底，“玩”是对儿童的解放，只有真正解放儿童才能真正教育儿童、发展儿童。“玩”也是一种学习，这种学习从某种意义上说，比课堂学习更有必要，更有价值。东埄不仅让学生玩，而且让学生“玩大”“玩精”“玩出名堂”，正是把“玩”当作学生的生活，当作学生的课程，当作学生的学习。

其三，实行学生的“自能学习”。自能学习是对课堂教育的改革，它直抵教学的核心。何为教学？教学的核心是什么？陶行知先生早就说过，“教学”不是“教”和“学”，而是“教学生学”。他认为“学校”之所以成为“教校”，其根源就是太过重视教了。有人提出：教学把课堂还给学生，其意义不亚于把土地还给农民。所以，自能课堂是学生学会学习的课堂，是学生主动学习的课堂，是学生创造性学习的课堂，也是学生享受学习的课堂。当然，这不仅是对教学本质的深度解读，也是对儿童学习权的解放。如此看来，东埄的学生有幸福感，是因为他们有解放感，解放学生让学生有了自由感，在自由的状态中，他们又有了释放感——释放他们的思维，释放他们的能量，释放他们的心灵。心灵的敞开，能量的释放，思维之门的打开，当然幸福就会向他们走去。于是，学生就有了幸福的体验和感受。

二、幸福教育要依靠教师，同时也要让教师有幸福感

教育任何时候都不能离开教师，如果对教师轻慢和悄悄地粗疏，教育就

不会存在，真正的、良好的教育也不会发生。问题的另一面是，不是所有的教育活动都具有教育意义，不是所有的教师都在进行教育。原因很简单，教育是教师以道德的方式，把最有价值的知识传授给学生。因此，教师首先应当是道德教师，教师首先应把教育当作道德的事业。

其实，道德是和幸福紧密相连的。亚里士多德这么界定幸福：幸福是有德性的实现。意思很明确，幸福来自实践，来自行动，否则是不会实现的。但是这样的实践的行动和实现过程，应当充满道德的意义。东埄的教师追寻教育的幸福，首先追寻的是教育的道德，他们提出了“素质型分数”的概念。校长朱龙祥说得好：把抓分数与促成长、抓分数与增能力有机结合，让学生在享受分数提高的同时享受成长的快乐。是的，素质不是不要分数，不是不要质量。不过，东埄的智慧之处在于：关注分数，更关注如何获得分数，将分数与素质的两难转化为双赢。这一阐述的深处意义是：以素质教育的观念抓质量，分数体现教育的思想，这样的分数是“素质型”的。不难看出，这样的分数观、质量观是道德的，这样的实践充满幸福的体验，这样的实验活动最终让学生拥有幸福，也让教师有幸福的诗意。

曾有人指出，幸福离不开意义，而意义又来自做不完的事，因而“做不完的事”成了幸福之源。毋庸置疑，教师有做不完的事，有时甚至到了繁杂、琐碎的程度。而且日复一日，年复一年，这种重复性极强的工作容易使教师淡化新鲜感，产生厌倦情绪。在这样的状态中，教师不会有幸福感可言。但是，东埄让教师有不断增强的幸福，其根本原因就在于让教师的工作充满意义，充满创造性。

东埄对学校的用人制度进行了改革，相继推行了全员聘任、绩效考核、层级管理等制度，逐步形成了一套有效的管理制度。校长朱龙祥这样认识和评价这种改革：“让每个岗位都是必需的，让每个上岗的人都有责任感和忧患意识，让每个岗位都有适合它的人，让每个人都在他最适合的岗位上。”这段话中的关键词是“适合”。所谓适合，是适合教师的需要，适合教师的特长，适合教师的发展。适合的才是最好的，才能让教师从做不完的事情中产生出意义，进而诞生出幸福感。

更值得注意的是，东埄尊重教师，无论是给教师办画展，还是组织教师打太极拳，无论是开设瑜伽班，还是让教师跳舞、唱歌，都让他们寻回快乐的感觉，感受教师的尊严，体验教师的幸福。东埄教师的幸福正是在专业价值的体现和实现的过程中。

三、校长带领教师创造东埄的文化，东埄的幸福最终来自文化

曾经有人怀疑这样一个命题：一个好校长就是一所好学校。不只是“曾经”，当下怀疑者也不在少数。我却并不以为然，因为一个好校长，好就好在他和教师们一起创造了一种“好”文化，在文化的引领下，形成了一套好制度，培养了一支好的教师队伍，孕育了良好的氛围，塑造了一种学校精神。东埄的校长朱龙祥正是这么去努力的。

首先，朱龙祥和教师们一起确立了校训。校训是学校的文化符号，是学校核心理念的凝聚，是学校精神的彰显，也是学校未来愿景的依托和实现的保证。东埄的校训是“崇德笃行”。在朱龙祥看来，东埄首先是道德学校，道德成了东埄的最高目的和最后目的。在道德阳光的指引和照耀下，东埄人踏踏实实、扎扎实实，一步一个脚印，前行，前进。“崇德笃行”塑造了东埄人的质朴，奠定了向上飞腾的基础。这是一块基石，是东埄人的精神高地。站在这块高地上，朱龙祥和他的伙伴们抬头仰望星空，向远处瞭望地平线，教育的视野开阔了，教育的胸襟开放了，离幸福的太阳越来越近了。

其次，朱龙祥为学校竖起了幸福的标杆。当时尚与享受、娱乐、消费紧紧联结在一起的时候，文化便走向了低俗与粗俗，幸福与金钱挂钩，于是就发生异化了。当教育与应试、分数、升学率紧紧联结在一起的时候，学校也走进了死胡同，教育的理想与幸福也就会发生扭曲。朱龙祥以敏锐的眼光、十足的勇气，鲜明地提出幸福教育这一既古老又“年轻”的话题，确立起幸福教育的核心理念，成为学校的办学主张和教育哲学。无疑，幸福教育像是标杆，高高竖立在校园里，在召唤，在鼓舞，在引导。幸福的标杆已竖立在教师和学生的心中，荡漾起幸福的涟漪，激起幸福的涌流，把东埄带向幸福

的彼岸。

最后，朱龙祥和他的伙伴们形成了一种生活方式，尤其是朱龙祥。朱龙祥的生活方式是悠闲。有人解释说，他面带微笑，气定神闲……他言谈风趣，简洁明了，无一句赘言，给人果断干练之感。窗外红尘扰扰，他却岿然不动，看花开花落，任云卷云舒……这是一种描述，显现了他的心胸和大气。不过我从朱龙祥的"悠闲"中，看到的更多的是他的领导方式和领导风格。

风格是人格的外显，是特殊的人格。悠闲的方式，是悠闲风格的体现，又是朱龙祥的从容和淡定。而这种从容和淡定，来自他对教育的理解和把握。从教师和学生的反映、评价看，朱龙祥是大家所认可和喜欢的，这正是他人格的外显。

悠闲，让我们想起了精神的闲逛。精神的闲逛是心灵的自由和精神的解放。正是在精神的闲逛中，朱龙祥的教育思想得到了净化和提升。悠闲，又让我们想起了诗意的劳动。诗意的劳动是创造性劳动，也是充满幸福感的劳动。正是在诗意的劳动中，朱龙祥的领导风格得以形成。悠闲，最为重要的是朱龙祥对教师的信任，对管理的赋权和放手。由此，调动了大家的积极性，形成了团结、合作、协调的共同体。这是幸福的共同体，幸福的共同体托起了教学理想的灿烂星空。

通过往事寻找开端

一、童年是灵魂生长的源头

人都有一个灵魂。只有把自己的灵魂安顿好，你才会安宁，也才能去想象和创造。否则，灵魂会到处游荡，正如诺贝尔文学奖获得者、土耳其当代著名小说家奥尔罕·帕慕克所说："在我的生命中，我一直都穿梭在混乱、麻烦、快速运转、嘈杂喧闹的世界中，我被生活的旋涡时而扔到这里，时而甩到那里，试图寻找开端、中途和结尾。"

但是，人的灵魂是怎么获得的？周国平先生作了最简洁、最明确的回答："通过往事。""通过往事"也许就是帕慕克所说的："寻找开端。"

于是，我寻找"开端"。

其实，人生的开端就在童年。但是人往往淡忘自己的童年，而淡忘的原因在于自己的"成熟"。因此，"成熟"有时是很可怕的。不过，有时"成熟"可以让我们重新审视自己的童年，给童年以新的解释，这也许是对童年最好的珍藏、最好的呵护以及最好的开发。从这个意义上说，童年成了灵魂生长的源头。灵魂找到了自己的开端，然后我们怀揣着童心继续去寻找"中途”和“结尾”。此时灵魂无非就是一颗成熟了的童心——周国平先生对灵魂与童心作了最精妙的诠释。

我的童年既在苦难中度过，又无时不浸润在幸福之中。说其苦难，是因为家庭经济的拮据窘迫，直到八周岁才上小学一年级，而且交不起学费，也交不起书本费；说其幸福，是因为南通师范学校第一附属小学，这所全国第一所独立设置的师范学校的附属小学，给了我最灿烂的童年。在苦难与幸福的交织中，我知道苦难是可以转化为幸福的，幸福是可以征服苦难的。于是对我“影响深远的”是一所学校，她让我寻找到自己人生的“开端”，也寻找到灵魂生长的源头。

二、20世纪50年代我就享受了免费义务教育

在记忆中，每学期开学报到、交费是我最“羞愧”也是最尴尬的时候，因为我家里拿不出那几块钱。我会在交费处的外面转来转去，期盼奇迹发生：多想突然间有了钱，交了费，捧着心爱的课本！这种矛盾的心理不是所有人都能了解，更不是所有人都能理解的。可是，母校的老师们却了解我、理解我——一个穷苦家庭儿童的心。奇迹真的发生了，一会儿，总务处的张老师把我唤到他的办公室，对我说：“学校研究，你的学杂费免了，你的书本费学校也给你免了。”我已记不清张老师说话时声音的高低与轻重，只记得他的眼神是严肃的，又是温柔的。就这样，最后几年，每学期、每学年如此，我没有出一分钱学杂费，也没有出一分钱的书本费，读完了小学。这就是说，在中华人民共和国成立之初，我就享受了免费义务教育。对我个人来说，我国的义务教育早在20世纪50年代初就开始了。直至今天，我都不知道是谁提出来给我免费的，这笔费用又是从哪里支出的。50多年后的一天，我在母校的一次聚餐会上看到了张老师，他已年届九十。当我提起此事，他只是笑笑，说：“不是我决定的，是学校决定的。”一股暖流漫上心头，我含着热泪给他敬了一杯酒，轻轻地说了声“谢谢”。

三、蓝长裤上的一根皮带

大概是在五年级，学校选我还有另一位六年级的女生练习朗诵，要给市委会议献辞。那时的献辞不需要化妆，只是对身着的衣服有要求：上身白衬衫，下身蓝裤子，当然少不了系一根皮带。为了达到这些要求，我借到了白衬衫、蓝裤子，可偏偏借不到皮带。也许出于自尊或虚荣，也许怕给老师添麻烦，我一直没有告诉老师。直到献辞的前一天，班主任薛老师问起我的准备情况，我才如实交代。薛老师没有一句埋怨和责怪，立即转身，不知从哪儿拿来一根皮带，帮我系上。第二天，我以最漂亮的衣着，最甜美的童声，最标准的少先队队礼，完成了献辞任务，握住市委书记伸过来的大手。真想找到当时摄影师拍下的那张照片，虽然不知道献辞的照片存在哪里，但它永远存放在我的心里，轻柔地抚摸着我的灵魂。

现在回想起来，在我的母校——通师一附小，穷人家的孩子不但没有遭到冷漠、歧视，相反受到特别的关心和照顾，穷与富在学校里没有高低之分，我从小就尝到了教育公平的甜头。那身白衬衫、蓝裤子的穿着，不仅闪现着那个时代的色彩与特征，也记录了对教育的公道、公平与公正的追求；那根皮带，使我的穿着完整，也使我的灵魂完整、圣洁起来。它使我有了最美好的童年记忆，把幸福、阳光、温暖和一切美丽永远系在我的心灵深处，永远丰盈着我的灵魂。这是母校给我的“文化基因”。

十年后的 1984 年，我调到江苏省教育厅工作，负责初等教育普及和义务教育普及。我充满热情，不，是充满激情，在严寒九冬，冒着漫天飞舞的大雪几下苏北，去调研，去推动，正是母校的“文化基因”悄悄地然而却是顽强地在起着作用：要延续童年的梦想与记忆，把义务教育从个体延续到所有符合规定的儿童少年，延续到整个民族，把教育公平从个体的享受变成所有学生都能享受的现实。

四、母校给了我“带得走”的东西

母校带给我的正是这种“带得走”的东西：理想、梦想、价值理性，意志、勤奋、好学，知识、能力、智慧……

那是一天早晨，我早早地来到学校，经过教师宿舍楼，楼下的一间住的是校长吴志仪。门开着，我看到一本本的笔记从地板上叠起，一直叠到书桌边，整整齐齐，每本都闪着光彩。我的第一反应是：校长真有学问。我问老师，校长为什么有这么多本子，她在本子里写了些什么。老师说：这是校长的习惯，每天都要写，记下学校里发生的一切，这叫日记。校长应当是学校最勤奋的人。我天真地想，校长的日记本里有没有记下我的故事？我不知道，但我相信，她会的，她记得我的名字，直到前年，她 93 岁的时候。

后来，我做了校长，再后来，我到省教育厅工作，我也写些东西。校长那一叠高高的日记本似乎是对我的召唤，是对我的要求。现在，我家里的地板上、书桌上也堆满了书和本子，不是装样子，是因为房子小，书橱里已放不下了。不过，我喜欢这种样子——母校给了我“带得走”的勤奋的品质和读书的好习惯。

大概是一次学校的少先队活动，在大礼堂里举行。不知什么原因，礼堂的主席台上，只有我一个人，校长站在后台，她说我是这次活动的主持人。台下的同学看着我，老师也看着我，他们一个个聚精会神，听从我的主持。最后，我请校长讲话，校长赞扬了我们，也赞扬了我。她说：“今天会议的主人是你们，今天会议的主席是成尚荣同学。同学们，要记住，你们是学校的主人，你们也是国家的主人。”如今，我研究教育，大声疾呼，要让学生成为学习的主人，要把这一理念变成教育的信念。其实，这种理念早在 20 世纪 50 年代就在我的母校践行，母校早就把舞台的重要位置让给了学生，早就把教育的舞台让给了学生。母校给了我“带得走”的理念，这种理念深植于我的心灵深处，慢慢地成了教育的信念。

母校组织的活动使我难以忘怀。某一年的夏天，现在想起来可能是七月初，整个年级要夜行军，凌晨登上南通的狼山观看日出。傍晚来临，同学们陆陆续续地来到学校，在教室里睡觉，等待集合的命令。怎么睡都睡不着，心中的那种激动啊，像是一只又一只兔子撞击你的心房。刚刚眯上眼睛，起床的哨音吹响了，大家以最快的速度在操场集合。接下来的一切，都由学生自己来组织：点名，提出要求，部署任务，编队出发，在路上开展一个又一个游戏……凌晨，太阳从东方的地平线上升起，一会一个样，不断变化，越变越大，越变越美。同学们在小组长的组织下，各自描绘眼前壮丽的景色，抒发对太阳的赞美。后来，我做了教师，也常常组织孩子们的活动。其实，我是学着母校教给我的办法，给孩子们梦一样的期盼，给他们自己组织活动的机会，这样的活动才是孩子们最喜欢的活动，这样的教育才是最良好的教育——母校给了我“带得走”的能力。

五、母校是我人生途中的一口水井

我回忆着在母校的往事，搜寻着母校给我的“带得走”的东西。周国平先生说，这样的回忆，往事才是活的，透过活着的往事可以看世界，当然也可以看自己；怀着活着的往事，可以孕育创造力。这样你的心永远是一颗童心，灵魂就变成了一颗成熟的童心。我一直坚信，童心就是创造力，成熟了的童心才会永远热爱儿童，永远热爱教育，永远创造奇迹。若此，灵魂有了安顿，有了安宁，而且充满活力，在寻找中途和结尾时，才是满怀信心、从容不迫、幸福而快乐的。

文章本该结束了，但我总觉得还要回到母校上来：母校给我的是一个美好的灵魂。我想把圣埃克苏佩里创作的童话中小王子说的话演绎一下：母校，是我人生途中的一口水井，那是爱和幸福的源泉。

“80后”“90后”的“可解”、可爱与可信

“80后”“90后”，不只是一个年龄段的划分，更是一个时代的概念。他们代表着一个时代，在他们身上闪烁着的是时代的色彩，充溢着的是时代的精神，他们预示着未来。

出于职业的习惯，我自然想到一个问题：倒退百余年，19世纪同样也有“80后”“90后”，只不过当时没有人给他们命名罢了。

翻开19世纪中国史，一个个曾是“80后”“90后”的伟人、名人出现在眼前：李大钊（1889）、毛泽东（1893）、鲁迅（1881）、胡适（1891）、徐悲鸿（1895），等等。可见，19世纪的很多“80后”“90后”对中国社会发展的贡献非常大。北京师范大学教授张静如曾对此作过一个分析：“19世纪末期适逢中国社会变动，大量西方学说涌入，当时的‘80后’‘90后’对新鲜事物极敏感，对新思潮很感兴趣。”尽管不少人看不惯公开指责，但“有志气的青年人并没有被吓到，也没有退缩。历史证明，他们的作为有益于中国社会”。

一切历史都是现代史。克洛齐的这一判断具有历史的穿透力。历史告诉我们，讨论“80后”“90后”，实质是在讨论如何对待时代，如何对待

青年。李大钊27岁写就了《〈晨钟〉之使命》。他说，“青年者，人生之王，人生之春，人生之华”，“青年之字典，无‘困难’二字，青年之口头，无‘障碍’之语；唯知跃进，唯知雄飞，唯知本其自由之精神，奇僻之思想，锐敏之直觉，活泼之生命，以创造环境，征服历史”。20世纪之“80后”“90后”也是如此吗？我们应当坚信不疑，应当自豪地说，是的，也一定是这样的。历史会再次地宣告，“80后”“90后”是可爱的，也是可信的。

当然，历史在前行的时候总是在变化，时代总是在进步，如今的“80后”“90后”与20世纪的“80后”“90后”是有显著的差异的。多元文化的传入与吸纳，市场经济的发育与渗透，消费时代的娱乐化，性意识的开放等，在他们身上留下这样或那样的印记。而这样或那样的印记，又常常遮蔽了他们的可爱之处，以致对他们的可信产生了怀疑，认为是很难解的甚至是“无解”的，继而会产生疑虑和焦虑。“80后”“90后”真是不可解的吗？问题可以从两个方面去认识和寻找办法，一是真正走进他们青春的心灵，二是真诚地以青春的方式提醒他们，帮助他们。

不少年轻人痴迷于王菲的歌。“第一口蛋糕的滋味，第一件玩具带来的安慰，太阳上山，太阳下山，冰激凌流泪……”这样的歌词，在我们听来，毫无逻辑，毫无意义。但年轻人喜欢。女孩子说，当我问身边的男孩“你爱我吗”，男孩毫不犹豫、毫无羞色地回答“我爱你”的时候，他已不是第一口的滋味了，爱情已经老去。青春有自己的逻辑，青春有自己的节律，青春有自己的话语，青春总是把有意思看得比有意义重。

我们了解吗？我们理解吗？不了解就会不理解，不理解当然就会对他们看不惯，还会嗤之以鼻，还会指责和拒绝。我们的节律如何与青春的节律合拍呢？我们需要深深的思考，需要耐心的寻觅。

青春的方式首先是文化的方式。约瑟夫·奈，这位“软实力”的倡导者说，文化的方式是谦恭的方式、吸引人的方式，而不是强制的方式。我还认为，文化的方式富有文化的内涵，充满着文化的启蒙，把理性与情感结合起来。青春的方式应当是年轻人喜欢的方式，这样的方式与青春有同等的波长，有近似的色彩。也许“唤醒耳朵”的方式是“最文化”“最青春”的方式：如果你不爱唱歌也没关系，就让第一道阳光把你的耳朵叫醒。也许对待玫瑰花上露珠的方式是“最文化”“最青春”的：玫瑰花瓣的露珠虽然美丽动人，但又十分脆弱，一不小心摇动枝叶，露珠就会滚落下来，破碎了，不复存在。所以，我们不要随意去惊动青春，不要任意去摇动青春的枝叶，还是轻轻地唤醒青春的耳朵吧。

走进青春的心灵，唤醒青春的耳朵，并不放弃对青春的严格。青年人热情、积极、向上、勇于开拓，但也存在不少缺点和问题。响鼓也要重锤敲。对“80后”“90后”最根本的引导是人生价值和理想的引领。《古丽雅的道路》中有一句说得好，人生不能只冒烟，应当燃起熊熊的火焰；清末军事家、军事教育家左宗棠说得好，择高处立，就平处坐，向宽处行；居里夫人说得好，成功者总是找办法，失败者永远找借口。这些青春的箴言，定会鼓舞他们迈开青春的脚步，大步向前。

于是，我们坚信，“80后”“90后”已经成为社会的中间力量，他们是“可解”的，因而他们是可爱的，他们是可信的。“80后”“90后”以时代的概念讲述着时代的故事，推动着时代的不断进步和发展。

永远的集体记忆

5月4日，一个青春的节日。晚上，我坐在电视机前，观看第十届《五月的鲜花》演出，满台的朝气，满台的生动，满台的青春。我早已白发苍苍，但一首首老歌，一段段新舞，又让我找到了青春的感觉，而且找到了火红岁月的感觉。那是激情燃烧的岁月，青春激越澎湃的日子啊！

在这样的日子里，我想起了多年前的名言："以革命的名义。""忘记过去就意味着背叛。"好多年过去了，久违了。以革命的名义，实质上是以青春的名义；忘记过去，实质上是忘记青春时的奋斗，就意味着对青春的背叛，对人生意义的背叛。也许，这些正是"红歌""红舞"对我的最大启迪。

这次《五月的鲜花》的主题是"永远跟党走"。把鲜花与跟党走联结在一起，自然想起鲜花为何而开放，幸福从何而来。青年人往往会这样，满眼的鲜花，却把金色的阳光撇在一边；满心的幸福，却把幸福的缔造者丢弃脑后。正是因为这样，我们要以青春的名义回忆过去，不能忘掉先辈走过的那段历史、那段路，不能忘掉革命岁月留下的光辉传统和最壮美的理想。

革命传统教育从社会学角度讲，涉及什么是传统与如何对待传统的问题。当代美国著名社会学家爱德华·希尔斯曾经对传统有过一个精辟的定义："传统是围绕人类的不同活动领域而形成的代代相传的行事方式，是一种对社会行为具有规范作用和道德感召力的文化力量，同时也是人类在历史长河中的创造性想象的沉淀。"① 因而，他的结论是，一个社会不可能完全破除其传统，一切从头开始或完全代之以新的传统，传统并不是现代社会的障碍，把传统与科学理性对立起来的观点是错误的。于是，我们应当确立这样的观点：传统不仅属于过去，也属于现在和未来，传统不只是过去时，而且是现在进行时、未来时。是的，革命年代已远离我们而去，但革命年代留下的思想、理想、精神，还应是我们不断向前的文化力量。听从这种道德感的呼唤，去开发这种具有创造性的想象沉淀，我们会极大地推动具有中国特色的社会主义事业走进一个新时代。因此，我们进行革命传统教育不是盲目的、毫无理性的。

从文化学的视角看革命传统教育，同样具有必要性和必然性。已有著名的社会学家对记忆的转向作出了判断：从个体视角转向了集体视角，从生理（心理）学转向了社会学、文化学。转向集体视角的记忆必然形成集体记忆，而只有从集体记忆的框架中才能重新找到那些发生在过去的事件。反过来说，某种个体记忆的遗忘或者变形，往往是集体记忆框架发生变化所致。文化是复数，即文化应当是"我们的"，而不应当是"我的"，"我的"应当融入"我们的"，这就是文化的集体记忆，而集体的文化记忆才会形成强大的文化力量。不可否认的是，当下的青少年，其集体记忆正逐步淡化，对民族的文化传统正失去集体记忆，因而集体记忆的框架对于他们有时显得比较模糊。假若他们忘却了南泥湾的歌声，假若他们忘却了"哪里有石油哪安家"的王铁人们的心灵深处的精神滋养和支撑，我们民族的未来还有理想的烛照和引领吗？无疑，革命传统教育让青少年在集体文化记忆中，又向着光辉的未来前行了一步。

革命传统教育唱响了我们民族的时代主旋律，那就是把反映一个社会最

①［美］爱德华·希尔斯．论传统［M］．傅铿，吕乐，译．上海：上海人民出版社，2009.

大多数群体的认知，把反映一个社会发展大趋势的观念，把支撑一个社会的共同精神、共同理想当作我们的主旋律。革命传统教育所唱响的主旋律，需要形式，需要载体，需要活动，像《五月的鲜花》那样让学子们以独特的方式来表演。这样的形式中跃动着青春的风采，展现着青春的壮丽诗行，青少年们喜欢，乐于接受。

需要注意的是，革命传统教育不能形式化，不能停留于外在的表演，而需要走进青少年的心灵。事实证明，为表演而表演，为形式而形式，革命传统教育便失去了意义和光彩。同样，革命传统教育需要在节日里进行，在节日里才会形成鲜明的文化记忆，使那个节日永远成为心中的文化印记。需要说明的是，日常生活中的革命传统教育更为重要，它可以使革命传统教育常态化、生活化，进而形成长效机制，“五月的鲜花”才会四季开放，集体的文化记忆才会是永远的。

附录

永远的行者

王笑梅

记忆中的成尚荣老师，似乎永远在路上。思考，是他生命的常态；行走，是他不变的姿态。主持享誉全球的国际论坛、参与教育部的高层策划、参加一线学校的草根沙龙、为青年教师专业发展作规划……春夏秋冬，他的足迹遍布祖国各地，马不停蹄，日程满满。而他在精神境界中的行走更是日行千里，所抵达的高度、涉猎的广度令人叹为观止。

按照年龄来算，成老师是近80岁的老人了。但是我和我的同仁们从来不愿意用老人来形容他，因为他的心态不像一个老人，他的步履轻巧稳健超越众多人，他的才思更是远远超过年轻人。他的形象总是在不断走动、不断思索着的样子，他的形象总是与春天艳阳、灯光舞台、会场演讲联系在一起。步子硬朗，腰板挺直，两三个小时的报告，他绝不选择坐着讲——“我喜欢站，因为我想展示自己修长的身材！”谈笑间，一段愉悦的精神之旅开启了。直立之形貌，潇洒谦和之风范，从音韵到词韵到情韵形成的强劲美感，带给你视觉的享受。然后，丰厚的积淀和敏锐的思想融合成的最生动的语言和文字，精彩地、生动地穿越到你的心里，让你听多久都不会觉得疲劳。他的语言那么轻易地就打动你，他的观点那么轻易地就捕获你，他的思想那么轻巧地就走进你。

喜欢出发

凡是行走在路上的人，都是有故事的人。

初识成尚荣老师，是在20世纪80年代初。那时我不过十六七岁，在南通师范大学读书，学校每周安排一个半天在通师二附见习。一个春天的早晨，在一次升旗仪式上，我见到了成尚荣校长。那时的他，40多岁，风华正茂，儒雅倜傥。晨光中，飘扬的国旗下，他出口成章，激情飞扬。精彩生动的演讲，吸引着台下一群少女少男，大家凝神静听，一脸神往。职业的神圣，教育的信仰，在那刻定格生长。

时光荏苒。成尚荣校长，从南通到了南京，成了成处长、成所长、成督学。而我，也从当年甩着马尾辫的稚气的实习老师，成长为通州实小这所百年老校的校长。2007年，在首届长三角高峰论坛上，我和成尚荣老师邂逅。这是由上海教育报刊总社、浙江教育报刊总社和江苏教育报刊社联合发起并组织的高端论坛，论坛嘉宾有时任上海建平中学程红兵校长、浙江省春晖中学李培明校长、南京师大附中王占宝校长等全国知名校长。扬子江畔，紫金山下，好一场高峰论剑。我，作为唯一一名来自县城的名不经传的校长，上场前心里充满着忐忑与不安。幸好所在论坛单元的主持人正是成老师。他风趣介绍，轻松调侃，贴心引导，贴切评点，让我在不知不觉中放松。在接下来的论坛环节，围绕“教育家办学：校长的角色、使命与成长”的话题，嘉宾们展开了激烈论辩。作为主持人，他引经据典，顿挫抑扬，收放自如，气场强大，吸引媒体频频聚焦。而我，在主持人的感染下，思维通畅，灵感顿发，自信满满，微笑侃侃。镁光闪烁，台下来自江苏、浙江、上海以及山东、安徽、黑龙江等9个省市的300多名中小学校长不时报以热烈的掌声与会心的微笑。毫无疑问，在三场论坛中，我们所在的单元是最出色、最精彩的。教育家办学：有多近？有多远？从他自信的语调与深刻的论述中，一个教育家办学之梦想从我心中升腾起航。

此后，在江苏省内外多个知名论坛上，我和他总能不期而遇：“校长之难”“责成效率”“名校的生长与超越”“幸福教育的样子”……不同的话题，相同的美丽：相遇相视一笑的默契、亲切问候的亲密、话题交流的互动、互为映照的会意……成为串串美好的回忆。作为主持人的成老师，具有一种特别的理解别人的力量，似乎总能看到你的心里去，与嘉宾的心能够真实地照面，真实地相契。同时他又不是简单地理解，而是能够在瞬间捕捉，迅速概括提炼。于是他现场的总结点评往往高于你的表达，说出了你“思考着却终不能抵达的最后那一步”，道出了你“心中有而口中无的神秘那一物”。于是，他所主持的论坛常常伴随着台下的掌声与惊叹；于是，他理所当然地成为当下全国各种高规格活动的金牌主持。赢得大家的，是表达力，是语言感染力，更是思想感召力。他的主持与演说，与其说是以他的风格制胜，以气势制胜，不如说是以他的道德制胜，以人格制胜，以思想制胜。

喜欢出发，喜欢新的挑战，行走在当下，却穿越在未来。在他的身上，我体悟到一位时代知识人的心灵意象与思想姿态。

走在光里的人

走在光里，他自己就是一团光焰，明亮着自己，也灿烂着他人。

成老师喜欢和年轻人在一起，对新生代老师的提携，不遗余力。他所拥有的年轻朋友及学生，遍布全国各地。我身边近年成长卓著的教育伙伴，没有一人不曾得到过他的指点。每个人所举办的个人教学展示活动，绝对不会缺少他。我们喜欢和他交谈，一群人围坐，他神定气足，双目炯炯，好像把你的心都照亮了。慈祥的目光注视着你，鼓励你大胆自由表达，时时会关照你，倾听的过程中思考整合。明明是他自己的观点，却说受你的启发，极大地增加你的自信。整个交流，那么自然，那么率真，充满了感情，也依然带着那股让人起敬的尊严。大家都把与他一起讨论当成一种愉快的享受。不仅听他论学，即便与他谈天，他也是信手拈古引典，娓娓不绝，幽默风趣，庄谐逸出，令一座生风。

作为被南通市教育局特聘的名师培养导师团的导师，他理所当然成为我的老师。经常地，他会娓娓道来，语重心长：什么是名师？名师当要有自己的教学主张，形成自己的教学风格。当我首次向他汇报“儿童生命语文”的教学主张时，他大加赞赏，热情鼓励，同时要求我自成体系，著书立说。在他的鼓励下，终于有一天，我要出自己的专著了。由谁来写序呢？自然想到他。可是，他那么忙碌，能行吗？怀着忐忑，我发短信试探，谁知瞬间就收到回信，他一口应允。差不多十天时间，写成的文稿便寄至学校。迫不及待地打开，十多页稿纸，洋洋洒洒，字迹平稳、安详、宁静，疏朗的行间与字距，如静穆的秋水。娓娓道来的文字一下子把我的心给抓住了：

> 法国电影《蝴蝶》讲述的是一位饱经风霜的老人和一个七八岁小女孩之间的故事。……电影最后，小女孩天真地问老人：“你家的蝴蝶是什么牌子？”老人说：“蝴蝶哪有牌子？”小女孩说，蝴蝶是有牌子的，它的名字是“爱”。是小女孩和老人共同找到了伊莎贝拉，找到了爱。
>
> ……
>
> 作文教学是有“牌子”的。我所说的“牌子”，其实是说作文教学的主张和特色。我们一直在寻找，但一如名贵的伊莎贝拉，它总是躲在深山里，不轻易地露面。但是，有爱的人才能找到它，只有和孩子一起才能找到它。王笑梅正是不懈寻找作文伊莎贝拉的人，她和她的孩子们终于找到了，名字叫“儿童嬉乐作文”，主旨是“玩转童年”。《儿童作文的本义：嬉乐作文让儿童乐并成长着》犹如伊莎贝拉，怀揣着满腔的爱，扑扇着灵动的翅膀，向我们飞来了，飞在了小学作文教学的田野里，飞在了小学语文教学的时空里，飞进了孩子们的童年里。

好诗意的文字，好浪漫的故事。我的教学主张就这样通过一个美丽的故事、通过蝴蝶与爱的美好意象，得到了表达和推介，一种理性的教学思想以最柔软、最感性的方式走进读者的心灵。

随后渐次展开的文字层层深入地对嬉乐作文作了全面的深度解读，柔软诗意的背后显现的是“思”之硬度：

> “儿童嬉乐作文”的母题是童年。对儿童的认识与发现，对童年意

义和价值的认识与发现，是其严格的内在尺度。在专著里，出现频率最高的词语就是儿童，这倒在其次，重要的是王笑梅对儿童的解释与表述：儿童天性、童年经验、童年精神、童年文化、童年哲学、童心、童言、童年灵感，等等。这一切都基于王笑梅的一个核心理念：儿童是未被承认的天才，童年是儿童的根据地。承认儿童是天才，才会信任他，才会请他们走上语文教学、作文教学的核心位置。

所有的诗都是思。可以想象，他捧着20万字的书稿该是在文字里读了多少个来回，作了多么深的体悟与潜读，才可能如此精准凝练地提炼出观念的内核。

专著出版后，许多读者对成老师所作的序大为赞赏。难以想象，如此诗意灵动的表达，出自一位古稀老人之手；亦可以想象，如此灵动大气的手笔，也只可能出自成所之手。

基于对童性哲学的共同关注，我和成老师在2012年第22期《人民教育》相遇。该期《特别关注》栏目，刊载了他的长文《当教室里飞来哲学鸟的时候——儿童哲学几个问题的厘清》，他聚焦儿童哲学的话题，对儿童哲学的几个问题进行了厘清，并明晰了儿童哲学教育的意义。紧随其后的是我撰写的万字论文《玩转童年　写真童心——谈儿童习作中童性哲学的构建》，我以“语文教学的哲学眼光”为话题，对他的长文进行了实践层面的解读，提供了一个实际操作的范例。在我的文章后面，又是他对我的文章所作的点评《让儿童获得第二次出生机会》。就这样，我俩几乎包揽了该期杂志四分之一的页面，朋友笑言“这期《人民教育》是你和成老师的专辑吗？”是的，相同期刊，相同时间，两个相同地方的人，一起探索教育的相同话题。这样的相遇，是一种实践跋涉与理性探索后的呼应、穿越与升腾。

只有走在光里的人，才会看见，光踏起轻快的脚步，在跳着一支美丽温暖的舞。一个心向光明，不断把精神的力量传递给他人的人，而他本身，也成就着自己的灿烂。

前方只属于生命

很是羡慕成老师精进的生命情态。

时时惊讶，每一次呈现在我们眼前的成老师都是崭新的。他永远思考着最前沿的问题，他的目光总是落在未来遥远处。显然，勤奋的思考使他年轻，强烈的求知欲让他保持着旺盛的活力与敏锐的思维。他的生命永远在前方。

他的关注点很广，知识结构很杂，似乎什么都在研究，多个领域能够跨界打通，任何主题都可以出新，最终融合在教育与生命之中。“未来十年是跨界资源整合的时代”“跨界力才是未来”……而他，正是一个高概念化的人，一个跨界行走的人。

普通人行之于田野，赏心悦目的是鲜花和果实。农夫却不同，他更关心的是那生出花和果的树木，那树木的根基，那人所不见的扎向土地深处的根，那树木立脚扎根汲取营养的土地。成老师在教育实践的旷野漫步，行走，耕耘，浇灌，他的目光注视着前方，也观照着地下，努力向下看，看着地下的根基，看着扎根的土地。这么多年来，他的观点总是那么睿智深刻，他写的大幅文字总是那么抢眼地占据着《人民教育》《中国教育报》等核心期刊报纸的头条。他关注过很多话题:《让教育的黑洞敞亮、澄明起来》(《人民教育》2015 年第 21 期)、《基础性：学生核心素养之“核心”》(《人民教育》2015 年第 7 期)、《慢慢来，先努力做个好老师吧》(《人民教育》2016 年第 7 期)、《重新认识、发现儿童》(《人民教育》2014 年第 11 期)、……变化的是主题，唯一不变的是他永远最关注那些本质的意义与核心的要义。他一直强调人的核心竞争力与“根基性素养”，一直倡导交给孩子“带得走的学力”。

对我提出的“儿童语文”的教学主张，他认为:“教育主张，应该是有结构的，它应该是有宏观层面，也有中观层面，还有微观层面的。”他最先洞悉的是教学主张最本质的结构。

他认为，在“生命语文”主张中提出“生命花期”的概念是非常诗意的，是具有文化意象的。“生命花期”就是要把握儿童在语文中生命的节律，什么时候播种，什么时候开花，也许永远没有结果。但是在未来一定是有显现的。从对生命花期的理解，生命花期的把握，他以为最核心处在建构起“生命语文”的一个良好生态。

对于“‘我’课堂”的教学模式，他更是深刻剖析：

> 深度在哪里？深度在于不叫“我的课堂”而叫“‘我’课堂”。“我的课堂”可能是指每一个人的，是指个体的。但是“‘我’课堂”就有本质上的不同，这个本质的不同就是王笑梅在自己的表述当中所讲的把一切“他者”变化为“我者”，我们总是和对方和“他者”在相遇，在对话。但是对话哲学告诉我们，对话就是我从“你”中发现了“我”，“你”在“我”中发现了你，一切“他者”都要归结为“我者”。因此，“‘我’课堂”一定是从主体出发的。这种具有哲学意义的解释，让“生命语文”站在了哲学的高点。

是的，他思想敏锐，思考严肃，体现着可贵的思想家品质。他总是读到文字的背后，读到作者的心里。他以一种超强的时代精神，以一种精进的生命思索，在引领着教育未来的同时，不期而然地暗合了教育的内在生命。

墨者说：人生里，我们先路过人生，然后才会经过自己，最后，收获的却是看不到的灵魂。成老师一路行走，路过人生，走过自己，他的坚定如一，成就了生命里最大的永恒。

一个人行走的范围，就是他的世界。只要在路上，光阴就不是虚掷，幸福就会光临。那么，就让我们一起行走，不断地行走，行走在思想的麦田，行走在心灵的旷野，行走在教育的芳草地……去追寻一位古稀长者永远不停歇的步伐，去拥有路上的自由、未知、期待、惊奇、获得与遗忘……我想，这必定是一件美得值得我们辛苦的事情。

是的，辛苦着，却美着！

（作者系江苏省南通市通州区实验小学校长、著名语文特级教师）

致谢

早上五点多就起床了，准备写文丛的致谢。每次写东西前，总喜欢先读点什么东西。今天读的是《光明日报》的“光明学人”，写的是钱谷融先生。

钱谷融先生是我国著名文学批判家、文艺理论家、教育家。那篇写他的文章，题目是:《钱谷融:“认识你自己”》。文章写出了钱先生性格的散淡和自持，我特别喜欢。文章写到在2016年全国第九次作代会上，谈及当下的某些评论，钱先生笑眯眯地吟出杜甫的《绝句》:“两个黄鹂鸣翠柳，一行白鹭上青天。”看提问者似懂非懂，他便说:“黄鹂鸣翠柳，不知所云；白鹭上青天，离地万里。”提问者恍然大悟，开心大笑。

自然，我也笑了。我笑什么呢？笑钱先生的幽默、智慧、随手拈来，却早就沉思于心。我还联想到自己，所谓的文丛要出版了，要和大家见面了，是不是也像钱先生所批评的那样，看似好美却不知所云，看似高远却离地万里呢？我心里十分清楚：有，肯定有。继而又想，没关系，让大家评判和批评吧，也让自己有点反思和改进吧，鸣翠柳、上青天还算是一种追求吧。

回想起来，我确实有点追求“黄鹂鸣翠柳、白鹭上青天”的意思，喜欢随意、自在，没有严格的计划，也不喜欢过于严谨。我坚定地以为，这并没有什么不好，文字应当是从自己心里自然流淌出来的，有点随意，说不定会有点诗意，也说不定会逐步形成一种风格。我也清楚，我写的那些东西，没有离地万里、不知所云，还是来自实践、来自现场、来自思考的。不过，我又深悟，大家大师的“随意”，其实有深厚的积淀，有缜密的思考，看似随意，却一点都不随便，用“厚积薄发”来描述是恰当不过的。而我不是大家，不是大师。所以应当不断地去修炼，不断地去积淀，不断地去淬化，对自己有更严格的要求。

我也有点散淡。总希望写点单篇的文章，尽管也有写成一定体系的论著的想法，但总是被写单篇文章的冲动而冲淡；而且单篇文章发表以后，再也不想再看一遍，就让它安静地躺在那儿，然后我会涌起写另一单篇的欲望。所以，要整理成书的愿望一点都不强烈，在家人和朋友的催促下，我不好意思“硬回绝”，只是说:“是的，我一定要出书。”其实是勉强的、敷衍的。说到底，还是自己的散淡所致——看来，我这个人成不了什么大事。

好在有朋友们真诚的提醒、催促、帮助。非常感谢李吉林老师。曾和李老师同事了23年，她是我学习的楷模，我的思考和研究，在很大程度上是在她的影响和提醒下进行的。清楚地记得，我从省教育厅到省教科所工作，李老师鼓励我。她又不断地督促我，要写文章，要表达自己的思想。非常感谢孙孔懿先生。孙孔懿是学问家，他著作丰厚，是我学习的榜样。他总是温和地问起我出书的事，轻轻的，悄悄的，我在感动之余，有一点不好意思。非常感谢叶水涛先生，水涛才华横溢，读书万卷，常与我交谈，其实是听他“谈书”、谈见解，又常以表扬的方式“诱发”我写书。非常感谢沈志冲先生。沈志冲是高我一届的同学，他的真诚和催促，成了我写作、整理文丛的动力。非常感谢周益民老师。周益民是我的忘年交，是知己。他一次又一次地提议并督促。他还说：我和我们学校的老师可以帮助你整理材料。不出书，真是对不住他。非常感谢校长和老师们，他们对我的肯定、赞扬和期盼，都是对我的鼓励。在徐州的一次读书会的沙龙上，贾汪区一所学校的杜明辉老师大声对我说：成老师，我们希望看到您的书，否则是极大的浪费。

杜老师的话让我感慨万千，他的表情一直在我脑海里浮现，他的话语一直在我耳边回响。非常感谢华东师范大学出版社大夏书系的李永梅社长、林茶居先生、杨坤主任及各位朋友、编辑，真心实意地与我讨论，有一次他们还赶到苏州，在苏州会议结束后，又与我恳切交谈，让他们等了好长时间。他们的真诚，我一直铭记在心。当然，我也非常感谢我儿子成则，他常常用不同的方法来“刺激”我，督促我，他认为这应是我给他留下的最宝贵的财富。

在整理文稿的过程中，翟毅斌默默地、十分认真负责地为我做了大量的工作：文字输入、提供参考文献、收发电子文稿、与有关老师联系，事情繁多，工作很杂。他说，我既是他的老师又是朋友，他既是我的学生又是秘书，而且是亲人。我谢谢他——毅斌。

在与窦桂梅老师谈及文丛的时候，在鼓励之后，她又有一个建议：在书后附一些校长和老师的故事。这是一个极好的创意，我非常赞赏。窦校长亲自写了一万多字的文章，有一天她竟然写到深夜，王玲湘、胡兰也写了初稿。我很感谢她们，感谢清华附小。接着我和有关学校联系、沟通，他们都给予真诚的支持和帮助：孙双金、薛法根、祝禧、王笑梅、李伟平、周卫东、曹海永、冷玉斌、陆红兵等名师、好友给我极大的支持和真挚的帮助；南京市琅琊路小学、力学小学、拉萨路小学、南京师大附小等都写来带着温度的文字；名校长、特级教师沈茂德也写了《高度的力量》——其实，他才拥有高度的力量。

出书的想法时隐时现，一直拖着。去年春节期间，我生发了一个想法：请几位朋友分别给我整理书稿，大夏书系李永梅社长说，请他们担任特约编辑。于是，我请了江苏教育出版社的周红，南京市琅琊路小学的冯毅、周益民，江苏教育报刊社的蒋保华，南京市教研室的杨健，南师大附小的贲友林，还有翟毅斌，具体负责丛书各分册的编辑整理工作。他们花了大量的时间和精力，在九月底前认真地编成。这是一项创造性的工作，他们给我以具体的帮助，谢谢他们。

书稿交出去以后，我稍稍叹了一口气。是高兴呢，还是释然呢？是想画上句号呢，还是想画上省略号呢？……不知道。我仍然处在随意、散淡的状态。这种状态不全是不好，也不全是好，是好，还是不好，也说不上。“两个黄鹂鸣翠柳，一行白鹭上青天”，是我所向往的状态和心绪，也是我所自然追求的情境与境界。但愿，这一丛书不是“不知所云”，也不是“离地万里”，而是为自己，为教育，为课程，为大家鸣唱一首曲子，曲子的名字就叫《致谢》。

2017年2月15日

图书在版编目（CIP）数据

最高目的／成尚荣著．—上海：华东师范大学出版社，2017
ISBN 978-7-5675-6628-6

Ⅰ．①最… Ⅱ．①成… Ⅲ．①德育—教育研究
Ⅳ．①G41

中国版本图书馆CIP数据核字（2017）第162402号

大夏书系·成尚荣教育文丛

最高目的

著　　者　成尚荣
策划编辑　李永梅　林荼居
特约编辑　周　红
审读编辑　任媛媛
封面设计　奇文云海·设计顾问

出版发行　华东师范大学出版社
社　　址　上海市中山北路3663号　邮编　200062
网　　址　www.ecnupress.com.cn
电　　话　021－60821666　行政传真　021－62572105
客服电话　021－62865537
邮购电话　021－62869887　地址　上海市中山北路3663号华东师范大学校内先锋路口
网　　店　http：//hdsdcbs.tmall.com

印 刷 者　北京季蜂印刷有限公司
开　　本　700×1000　16开
插　　页　1
印　　张　16.5
字　　数　250千字
版　　次　2017年12月第一版
印　　次　2018年7月第二次
印　　数　6 101-9 100
书　　号　ISBN 978－7－5675－6628－6/G·10466
定　　价　52.00元

出 版 人　王　焰

（如发现本版图书有印订质量问题，请寄回本社市场部调换或电话021-62865537联系）